Asís

Emilio Castelar

Asís

casimiro

casimiro [*casimiroa edulis*]

Extraído de *Recuerdos de Italia*, Segunda parte, 3ª edición
Ilustración Española y Americana, Madrid, 1894

En cubierta: Giotto, *Éxtasis de San Francisco*, 1297-1300
Basílica de San Francisco de Asís, Asís, Umbría

ISBN: 978-84-19524-42-3
Depósito legal: M-2284-2025

Impreso en España

SAN FRANCISCO DE ASÍS
(Asís, 1181-1226)
representado, entre 1278 y 1280, por Cimabue en un fresco
de la Basílica inferior de San Francisco de Asís

I.

Una de las operaciones más atendidas y más atendibles de la mente humana, es la asociación de ideas. Por ella enlazamos tiempos apartados, unimos pensamientos discordes, traemos al seno de la felicidad recuerdos de la desgracia, como a las tinieblas de la desgracia puntos luminosos de la felicidad; y evocamos en lo presente los lejanos horizontes de lo pasado, pudiendo, ya que no con el cuerpo y sus sentidos, con el alma sus ideas, a semejanza de Dios, estar a un mismo tiempo en todas partes. Me encuentro en la Montaña de Asís, con la ciudad pontificia y municipal a mis plantas, los restos de algunos castillos señoriales a mis espaldas; el cielo claro y severo, algo semejante al cielo de nuestro Aragón, sobre la frente; en torno, formando un círculo inmenso del color azul más subido, del color llamado de Prusia, las riscosas y ceñudas cordilleras y montañas de la Umbría, que semejan olas encrespadas; y en el dilatado campo, de contrastes vivísimos, porque las claras moreras y los oscuros olivos, los rubios trigos maduros para la siega y los verdes recién nacidos maizales se juntan a cada paso en esta variada inmensidad, como naves bogando por lo infinito, la blanca rotonda romana de la Porciúncula, templo donde San Francisco de Asís se retiraba a sus meditaciones, y más cerca, a mi derecha, bajo la mano casi, los interminables claustros, las sobrepuestas iglesias, los góticos pórticos, las agujas y ojivas del monasterio, donde yace el sepulcro de ese santo en cuyas aras seis siglos han rezado y cuya personalidad histórica se agranda y se trasforma, como la personalidad de su modelo Jesucristo, en el pensamiento racionalista, en la conciencia progresiva, en el espíritu democrático y liberal de nuestro siglo.

Y aquí, en tal momento, a presencia de este espectáculo, no puedo desechar el recuerdo de Elda, del pueblo donde pasaron mis primeros años. Sus montañas no tienen ciertamente ni esta altura ni este color; sus huertas y sus campos no se dilatan y espacian de esta suerte; mas aquella vegetación meridional, elevando las palmas sobre los viñedos y los olivares, iguala y aun aventaja en hermosura a esta rica vegetación de la Umbría. Y lo que menos puede compararse ciertamente, es lo que más provoca el recuerdo: la rotonda blanca de la Porciúncula con la verde rotonda de nuestra iglesia, el gótico monasterio franciscano de este dilatado valle con el vulgar monasterio franciscano de nuestro estrecho valle. Pero ¿qué queréis? Para mí en Asís está la poesía de la inteligencia, y en Elda la poesía del corazón; la humanidad y la historia surgen aquí a la manera de templo inacabable lleno de un espíritu misterioso, cuya profundidad no puede sondearse; y allí, entre las ramas de débiles arbustos, se esconde todavía el nido formado por blancas lanas enredadas en las zarzas o por secas hierbecillas, donde se guardan en reducidos límites los recuerdos de hogar y familia que lluvias de lágrimas no han podido anegar completamente ni destruir el tiempo con sus diarias catástrofes.

En mi infancia, cuando nos acercábamos al dos de Agosto, y la siega y hasta la trilla se habían acabado, y comenzaban a pintar las uvas tomando claro color violeta las negras y las blancas trasparencia de ámbar; en aquellas tardes calurosísimas henchidas por el chirrido de las cigarras; en aquellos crepúsculos serenos henchidos por el unísono vibrar del cántico de los grillos, celebrábase una ceremonia religiosa, una peregrinación mística, una especie de jubileo que nunca olvidaré. El convento de nuestro valle estaba a la sazón desierto. La revolución había expulsado a los frailes. Los fuertes seculares cipreses de su pórtico se perdían y secaban. Las flores de su antes cultivado jardín se sustituían con legumbres o heno. Las tablas de sus ventanas, medio caídas, meneábanse tristemente a impulsos del viento. Las piedras de sus paredes y muros, medio sacadas de quicio, amenazaban con una completa ruina. Las campanas habían sido arrancadas a las altas torres, siempre silenciosas; el culto interrumpido en los altares casi desnudos, y las puertas del santuario cerrádose como si fueran las puertas de un sepulcro. Algunas veces, cuando íbamos a coger brevas a una higuera cercana, asomábamos los ojos por varias rendijas y hendiduras hechas en la puerta, y a la escasa luz de solitaria lámpara, conservada por la piedad de oscuro guardián, resto viviente y animado de tanta ruina, pero triste como la cicuta y la ortiga, a la escasa luz de solitaria lámpara, decía, semejante a los ojos de siniestra lechuza en la oscuridad, veíamos algunos reflejos del dorado que se descascarillaba en las columnas, alguna sombra de los abandonados santos parecida á sobrenaturales fantasmas.

Solamente, en el dos de Agosto, las puertas se abrían, los pavimentos se regaban, componíanse los altares como para una fiesta, las velas brillaban sobre el ara tras las flores, y en la capilla mayor, una tosca, pero mística escultura en madera que representaba a San Francisco recibiendo de Cristo aparecido en los aires los estigmas de las cinco llagas, juntaba en el templo a los creyentes, despertaba la fe y la esperanza, atraía las oraciones del fondo de las almas a la inmensidad de los cielos como atraen los rayos del sol a las alturas los vapores de las bajas aguas y las bajas tierras. Nosotros, los muchachos de la familia, salíamos acompañados de nuestras madres y de nuestras tías a ganar el jubileo con aquella piedad meridional tan risueña, tan expansiva, tan humana, que da al cumplimiento de los

10

deberes religiosos y a las ceremonias del culto católico, aspecto de fiesta. Desde el pueblo al convento se dilata extensa campiña, verdadero jardín. Las olivas engordaban ya; las almendras se abrían empapadas en aromática goma; negreaban las uvas; doblábanse los granados al peso de las granadas; sobre las plantas del maíz surgían los amarillentos sedosos espigones, y sobre la aterciopelada alfalfa las moradas flores; los campos de anís blanqueaban como si les hubiera caído una nevada; cimbreábanse los cáñamos y los linos; las puertas de las chozas lucían matizados ramilletes de don-diegos y áureos girasoles; en los secos pedregosos torrentes vibraban las sonoras cañas y florecían las rosadas adelfas. Nuestros ojos no se entristecían no se nublaban, hasta que llegábamos delante del cementerio, donde descansaba nuestra abuela y una tierna niña de la familia, y descubríamos las cabezas y plegábamos las manos y murmurábamos algunas oraciones, por cuya virtud nos parecía, ora que columbrábamos sus almas en el cielo, ora que las sentíamos venir a rozar con sus angélicas alas nuestras sienes y a depositar un mudo beso en nuestras serenas frentes. Luego seguíamos en la peregrinación, llegábamos al seráfico monasterio cercano al camposanto y rezábamos con todo recogimiento las oraciones de rúbrica prescritas por los ritos, a cuantos anhelan ganar el jubileo de la Porciúncula en el día de la Virgen de los Ángeles.

Al volver, la noche bajaba sobre el valle, las luciérnagas

lucían en el follaje, las primeras estrellas en el cielo; y la campana que suena en las alturas para conjurar las tempestades del aire y contar los muertos de la tierra, anunciaba el Ave-María saludando a la Madre del Verbo e infundiendo con sus sagrados acentos religiosas emociones en nuestro pecho. ¡Cuántas veces, al entrar en casa, las manos llenas de flores y de frutos recogidos al paso, los labios perfumados aún por las plegarias, las rodillas empolvadas en el pavimento del templo, después de haber oído contar varios pasos de la historia de San Francisco, hubiéramos dado algunos años de esta vida, que ya desciende tristemente de su cenit y que entonces nos parecía eterna, por visitar Santa María de los Ángeles, por ver la casita de las prácticas piadosas, la cuna que recuerda Nazaret, el sepulcro del santo en Asís, lugar bendito y querido, el más sagrado en nuestro culto después del sepulcro de Cristo! Al cabo de treinta años, nuestro deseo se cumple; el cielo nos concede la satisfacción de ver estos lugares; pero ¡ay! sin las creencias de otro tiempo en el alma. La vida ha pasado de la infancia a la madurez; las facultades intelectuales han pasado del sentimiento a la razón. Creemos con arraigada creencia que el hombre, este compuesto de alma y cuerpo, no sólo tiene que cumplir fines materiales y fines temporales; no sólo tiene que obedecer leyes mecánicas y dinámicas, sino que debe cumplir también fines morales, fines eternos, y debe obedecer a leyes

12

cuya existencia implica necesariamente y cuya observancia exige la profesión de estos cuatro principios capitales de toda doctrina religiosa y espiritualista: Dios y su providencia, el alma inmortal y su responsabilidad. Pero no creemos que estas ideas sean como el patrimonio de una exclusiva asociación y que para inspirarlas y difundirlas hayan sido indispensables milagros que contradicen las leyes naturales del Universo y las leyes científicas de la historia, ni condensaciones del espíritu divino en una sola persona, la cual constituya castas representativas de Dios y de su revelación como privilegiados del cielo sobre la faz de la tierra. Creemos, al contrario, que Dios nos ha dado desde el principio de los tiempos, para conocer el bien y el mal, la conciencia; para conocer la verdad y el error, la razón; que así como físicamente llevamos en nosotros átomos de todo el Universo, moralmente llevamos en nosotros los jugos de todas las revelaciones sucesivas y nuestro espíritu es el resultado de las ideas de todos los siglos, con cuyos esfuerzos y con cuyas luces y con cuyos martirios hemos logrado los bienes mayores de nuestra existencia y el inapreciable de la redentora emancipación. Por consiguiente, toda la parte legendaria, fantástica, mitológica, que siglos de guerra, que razas primitivas, que duras épocas de hierro pedían y necesitaban para cumplir sus primordiales deberes, no lo necesitan nuestros tiempos, conocedores del bien por la pura razón, amándolo por los imperativos mandamientos de la conciencia y no por la fuerza coercitiva de instituciones mil veces trasformadas en la historia y hoy caídas en irremediable decadencia.

Y no decimos más. Nuestra filosofía histórica, sin excluir la fe en principios absolutos, nos permite remontarnos a los tiempos pasados, imbuirnos en sus creencias, vivir en ellos como si fueran presentes, juzgarlos con arreglo a su propio ideal y no con arreglo á posteriores sistemas. Nosotros no imitaremos a los furiosos iconoclastas, que para traer los tiempos del espiritualismo, demolían las bellas estatuas de los antiguos dioses; y tampoco a los fríos clásicos, que para rehabilitar la naturaleza nada sentían sino la barbarie de la Edad Media bajo las bóvedas de las catedrales góticas. En nuestra doctrina filosófica no cabe el engaño de Goethe, que en Asís se extasiaba ante un templo pagano de la decadencia, y no tenía ni una mirada, ni una palabra, para el monasterio de San Francisco. No caeremos nosotros en el error de proponer como perfectos modelos hoy los pintores de la decadencia cual proponía Chateaubriand a los Carraccios en *El Genio del Cristianismo*; ni aplaudiremos las tentativas de los pre-rafaelistas por volver a los tiempos en que eran despreciadas y desconocidas las formas. El arte místico, que, sentido con verdadera ingenuidad, profesado con verdadera fe, brotando naturalmente de un alma tan pura como el alma tierna e inocente de Fra Angélico, en tiempos de suyo místicos, nos parece flor

14

del campo cargada de inmortales esencias, en nuestro tiempo, contrahecho y recalentado por una erudición reaccionaria, nos parece como los cuadros de Overbek, flor de trapo. Toda edad contiene la edad que la precede y la edad que ha de seguirla. Para la plenitud de nuestra vida hemos necesitado pasar por tiempos contradictorios, cuyas contradicciones sólo llegan a resolverse en las síntesis superiores de la razón universal y en el eterno seno de la humanidad. Con estos dogmas entremos un momento, entremos como peregrinos del arte; entremos como copartícipes de todas las ideas; entremos, elevándonos a su tiempo, en el santuario donde todavía se presta religioso culto a la memoria sagrada de San Francisco de Asís, de uno de los últimos cristianos, todo fe, todo bondad, todo dulzura; elocuentísimo como un tribuno antiguo, exaltado como un profeta hebreo, austero como un cenobita de la Tebaida; paciente en los infiernos del feudalismo; armado de la palabra cuando todo el mundo se armaba de hierro hasta los dientes; apasionadísimo de la naturaleza y de su hermosura en aquella general crueldad y en aquel desvío por los seres inferiores; poeta místico para quien los mundos forman como una escala que sube a los cielos y los rumores de la creación como un *hosanna* que alaba eternamente a Dios; dotado de intuiciones sobrenaturales y de visiones proféticas por la compasión que sentía hacia los dolores de todos los desgraciados y por el interés que tomaba en la suerte de todas las criaturas; reformador profundísimo que dedujo el sentido democrático encerrado en las páginas del Evangelio y presintió la unión de todas las castas en una igualdad natural; modelo de virtudes efusivas y de caridad ardiente; un redentor en el olvido y en el sacrificio de sí mismo, en el amor a los demás, en la aceptación de todos los dolores y de todas las penas por el bien del hombre y por la gloria del Criador, a lo cual debió que su vida fuera un holocausto como el holocausto de la Cruz, y su muerte una transfiguración como la Transfiguración del Tabor.

En torno suyo gravitan mundos y cielos, ciencias y artes, religión y política, todo el Universo moral. Como el sol envía luz, y en la luz calor, y en el calor electricidad, y en la electricidad magnetismo, en todo vida, la idea envía en sus irradiaciones arte, religión, poesía, todo un mundo y todo un cielo. Y como San Francisco es en sí una de las encarnaciones más bellas de la idea, San Francisco moverá con su aliento desde el ala tímida del corazón de los pequeñuelos, hasta las potentes alas de la fantasía de los artistas y del pensamiento de los sabios. Los instintos y los sentimientos, las nociones confusas y las ideas claras, las arpas de la inspiración y los instrumentos de la ciencia, la naturaleza y el espíritu, todo el ser de una edad, lanza vagamente a los espacios de la conciencia ciertas indefinidas y vagas esperanzas, ciertos fantásticos ensueños, el vapor de las ideas que luego viene a reunirse, a condensarse, personificándose en un solo hombre, poeta, orador, tribuno, filósofo, artista, como en Rafael se personificó la edad del Renacimiento y en Voltaire el siglo decimoctavo.

¡Misterios de la Historia! En la época de San Francisco, en el siglo decimotercio, hay dos hombres que tocan con su razón a los últimos confines de la ciencia; que llevan en su palabra encerrados los más profundos abismos del pensamiento; titanes soportando sobre sus espaldas el peso de la eternidad. Uno de ellos se llama San Buenaventura y el otro se llama Santo Tomás, el Platón y el Aristóteles de la Edad Media. Ambos a dos han penetrado en los más recónditos senos del espíritu humano y han recorrido en vuelo jamás igualado las inaccesibles alturas de lo infinito. Uno y otro han hablado de Dios y de sus atributos; de las leyes de la providencia y de las relaciones entre la criatura y su Creador; de la naturaleza del sentimiento y de la naturaleza de la idea; del conocer, del pensar, del raciocinio, de todo cuanto existe en la realidad y es dado que exista en lo posible, desde el grano de arena al orbe luminoso, desde el orbe al ángel, desde el ángel al Verbo en la doble inmensidad del infinito moral y del infinito material; y sin embargo, ni uno ni otro han logrado fundar elevada estética, que sientan así el campesino como el pintor; mover el mundo a la creación de austera sociedad, que lleve en su seno los gérmenes de revolución universal; suscitar desde confesores, poetas, mártires, arquitectos, pintores y escultores, hasta muchedumbres de ambos sexos dispuestas a vivir combatiendo y a morir sacrificándose por un misterioso ideal: que esa obra milagrosa ha quedado para el pobre, para el ignorante, para el insensato, para el joven demente a quien apedreaban los chicos de las calles y de quien se reían todas las gentes acomodadas y de seso; para el iluminado San Francisco. ¿Y por qué? Tanto valdría preguntar por qué el redentor no es aquel hombre moral que despertaba la conciencia humana con su palabra sencilla y moría envenenado departiendo a los primeros resplandores del alba y a las primeras sombras de la agonía con sus discípulos sobre la existencia de Dios y la inmortalidad del alma; por qué no es el autor inmortal del *Banquete* y del *Fedón*, el que ha visto todas las cosas en las ideas y todas las ideas en el Eterno y ha hablado de lo infinito y de su luz con palabras que extasiarían a los ángeles; y sin embargo, es el oscuro judío, el nazareno desconocido en la tierra, que habla al pueblo más despreciado de todos los pueblos en la lengua más ignorada y tiene por principal inspirador el desierto y por apóstoles y por discípulos el primer publicano encontrado en las encrucijadas de los abandonados caminos y el primer pescador que tiende sus redes sobre lagos pestilentes y muertos, profesando una idea evaporada por las cenizas de Palestina, la cual ha de exhalar en aromas de incienso religioso un nuevo espíritu y ha de destruir con sus raíces nada menos que la antigua Roma. ¡Ah! El mundo se ilumina por la inteligencia, pero se sojuzga por la voluntad; lo esclarece la idea y lo conquista el corazón. Hacen mucho los que saben pensar; pero hacen más los que saben morir. La razón es la luz; pero el amor es el fuego en que los mundos se forjan. San Francisco, como Cristo, siente la caridad y el anhelo por el sacrificio. Por eso, recorriendo las páginas de los sabios, aprendéis; y recorriendo la vida de este monje, sentís. Los teólogos podrán moveros a pensar; pero a la acción sólo os moverá esta voluntad impetuosa del milagroso cenobita. Y por el amor alcanzó en tiempos de odio y guerra la caridad; en tiempos de aristocracias feudales la igualdad; cuando se constituían hasta los sacerdotes en soberanos, porque fuera de la dominación terrena apenas se alcanzaba ni siquiera la autoridad moral, evangélica democracia inspirada en los más puros sentimientos cristianos, que debía contribuir a demoler las castas, a renovar la sociedad, a traer los gérmenes del espíritu moderno. Y la razón dice al par de la fe: –¡Gloria a San Francisco!

II.

Veníamos de Terni. Acabábamos de estar en comunicación estrecha con la Naturaleza; habíamos recorrido plantaciones de moreras, viñedos, olivares, naranjales cubiertos de blanco azahar y filas de granados cubiertos de rojas flores; verdes praderas sobre las cuales discurrían las mariposas y las abejas y los abejorros; trigos rubios cuyas espigas se doblaban al peso de los maduros granos y ondeaban al impulso de las sosegadas auras; montañas con sus cimas ceñidas de oscuras encinas y con sus laderas ornadas de claros castaños; caminos abiertos sobre los abismos y en las duras peñas desde donde se descubrían entre los celajes las dentadas cordilleras con sus picos nevados; lagos tranquilos, como el lago de Pié de Lugo, que reflejaban todos los matices del cielo y todos los bosques y aldeas de la orilla en el cristal de sus aguas; impetuosísimas cascadas, como la cascada del Velino, despeñándose de alturas vertiginosas entre breñas tapizadas de plantas acuáticas para formar trombas y torbellinos de espuma sobre cuyas blancas espirales se tendía el arco iris; maravillas inagotables de la creación que fortifican y animan; pues en lugar de mover la actividad febril del pensamiento, como las maravillas del arte, la adormecen y la serenan, anegándonos por completo en los torrentes de la vida.

Poco después de mediodía llegábamos al frente de Asís en hermosa tarde de Junio. No puedo describir mi entusiasmo y mi asombro. Hacia el norte, recostada sobre los peñascos, veíase la ciudad pontificia, sobre la cual se eleva fuerte castillo almenado y a cuyo oriente se extiende el gótico monasterio ostentando arcos tan fuertes y tan numerosos como los arcos de antiguos acueductos. Difícil es describir el efecto maravilloso que desde fuera, desde los alrededores, produce una de estas ciudades italianas ceñidas de verdor, cortadas a trechos por floridos jardines, ricas en monumentos, alzando sobre las hileras de sus tejados o de sus azoteas, los botareles, las agujas, las torres, las rotondas, las pirámides, los campanarios, todos de piedras brillantísimas y preciosos mármoles, realzados y esmaltados por los reflejos de este cielo y los resplandores de esta luz, sólo comparables al cielo y a la luz de nuestra España. Parecen, más bien que realidad, imaginados cuadros; más bien que habitaciones de estos días, habitaciones de otras edades estéticas: sus piedras cantan y murmuran con cantares y rumores inefables como un misterioso bosque; y por lo alto de los frisos y de las almenas y de las largas líneas y de las bordadas cresterías se pasean las sombras de los artistas y de los héroes y se ven subir en luminosos enjambres las ideas de otros siglos. Para sentir emociones como éstas hay que trasladarse a las orillas del Tajo y ver en la vega de Toledo, al pié del puente de Alcántara, las ruinas de la Galiana, los arcos romanos, los acueductos del artificio de Juanelo, el torreón medio derruido y los muros medio destrozados del castillo de San Servando, la crestería greco-romana del alcázar, la puerta del Sol con sus gruesas torres y sus ajimeces y sus alicatados mudéjares; cuadros maravillosos, no tan admirables por su dibujo y por su color como por las ideas que evocan y los recuerdos que guardan, mostrando en breve espacio el sagrado panteón de toda nuestra historia.

A pesar de lo mucho que Asís nos encantara al descubrirlo desde el ferrocarril, no dirigimos allá nuestros pasos; los encaminamos al monasterio de Santa María de los Ángeles, erigido en la llanura, en la vega, para abrigar la casa donde San Francisco tuviera sus primeras visiones y fundara su orden. Dos lugares he visto igualmente famosos como cuna de dos órdenes igualmente célebres. El uno es la iglesia de los Ángeles en Asís, cuna de los franciscanos; el otro es la iglesia de Montmartre en París, cuna de los jesuitas. Al ver el primero de estos lugares, la inteligencia se abre a la fe y el corazón a la esperanza, sintiendo vivamente la grandeza de aquellos hombres y participando de sus aspiraciones en la medida que puede participar el espíritu moderno; pero, al ver el segundo, se os oprime el pecho y se os nubla la inteligencia, como si cayerais en lo vacío. Y es porque en San Francisco nació una orden, que, si ha sido ya suprimida por nuestro tiempo, realizó verdaderos progresos respecto a los tiempos anteriores y contribuyó a la educación del género humano, obra de libertad y de paz, mientras que en Montmartre nació otra orden, que fue como una confabulación permanente y empedernida contra todas nuestras libertades y contra todos nuestros progresos, obra de reacción y de muerte. En la vega de Asís veis pasar ideas que han iluminado la conciencia humana y en las alturas de Montmartre sentís el roce frío en vuestras sienes de las aves nocturnas que habitan las tinieblas. Todos los progresos ¡ah! son igualmente grandes y todas las reacciones igualmente funestas en toda la redondez del planeta y en toda la sucesión de los siglos.

El monasterio de Santa María de los Ángeles tiene armoniosas proporciones. Lo ideó Vignola, y lo ideó con arreglo al gusto y al ideal de su tiempo. Los arcos romanos se suceden y sostienen sus sólidas bóvedas; la cruz latina constituye su planta; en el crucero se eleva una rotonda airosa, imitación más o menos lejana de la rotonda de San Pedro; cuadros de la decadencia ornan sus altares; y la luz del día penetra libremente por sus anchas ventanas y se refleja en sus blanquísimas paredes. El edificio peca de todo cuanto pecan los edificios de esta edad, nuestro Escorial también, por sobra de ciencia matemática y falta de inspiración religiosa. Para mayor desgracia, los terremotos frecuentísimos en esta tierra volcánica lo han tristemente lastimado y las recomposiciones sucesivas no han sabido restaurarlo. Pero allí, en medio de la iglesia, bajo la rotonda, se eleva, conservado por la piedad, el humilde tugurio, más que casa choza de pobre argamasa, de piedras toscas, de estrechas puertas y ventanas, donde San Francisco meditó, ayunó, rezó, padeció, lloró hasta el extremo de ver al través de sus lágrimas reproducida la tragedia del Calvario y a Cristo agonizando en lo alto de la Cruz, con sus llagas abiertas, sus ojos extintos, sus labios cárdenos al dolor y a la agonía. Hoy no tiene el esplendor de otros tiempos. Estos monumentos, mientras pasan por la fe, brillan, y cuando la fe les falta, se oscurecen; como esos meteoros que son estrellas en los aires y toscos pedruscos al tocar al suelo. Pero confieso que me sobrecogí con religioso respeto, que me extasié como si estuviese fuera de mí mismo al tocar aquellas piedras, a través de cuyo frío sentíase aún el calor del alma que las había penetrado mil veces de pena con su oración y sus sollozos. Confieso que me pareció ver una de esas zonas misteriosas que anuncian las trasformaciones del espíritu humano, especie de líneas ecuatoriales en los hemisferios del tiempo, especie de puntos que señalan el crecimiento de nuestro ser como los diversos terrenos señalan el crecimiento de nuestro planeta; grandes condensaciones de ideas abstractas, núcleos de la luz espiritual, fin de unas y principio de otras edades, santos días del génesis social a que debemos nuestra difícil existencia y nuestras varias redenciones. No sé por qué, allí vinieron a mi memoria tantos y tantos redentores como han contribuido antes y después de San Francisco a nuestra emancipación: el que nos sacó de la servidumbre de Egipto al través de las aguas del mar Rojo y el que rompió las últimas cadenas del esclavo a las orillas del Misisipí; el que arrancó su fuego a los cielos para animar el hombre primitivo frío como sus dólmenes de piedra y el que talló las letras de imprenta con cristal y plomo para multiplicar las ideas en la inteligencia como se multiplican los mundos en los cielos; el que murió en ignominioso patíbulo por la igualdad y la fraternidad de todos, y el que padeció en los calabozos de la Inquisición por agrandar el espacio a nuestros ojos; el que bebió la cicuta y en el fondo de su copa dejó la idea de la libertad de nuestra conciencia para darla a beber en comunión santísima a todas las generaciones, y el que, extendiendo sus brazos desde débil esquife al mar velado por misterios pavorosos como las grandes tempestades, completó la tierra y ensanchó el alma; coro unido a través del tiempo y del espacio en una misma obra, cuyo fundamento arranca de las más recónditas profundidades del espíritu humano y cuya cima se pierde en el seno de Dios. Aquella casa, que despertará emociones vivísimas en todos cuantos amen las verdaderas grandezas de la historia, ha sido profanada por una obra de partido, por una obra de reaccionarias escuelas. En la parte que da a la puerta principal se ve una pintura neocatólica de Overbek. Engendróse al mismo tiempo que se engendraba la Santa Alianza, una doctrina filosófica, la cual tendía a llevar el arte más allá de Rafael, como tendía a llevar la ciencia más allá de Kant y de Descartes, la historia más allá de Vico y de Herder, la política más allá de las instituciones modernas, al seno de la Iglesia intolerante y de los castillos feudales. Tal escuela, no contenta con creer que podía restaurarse cuanto había destruido la mágica lira de Ariosto, la inmortal sátira de Cervantes, la voz tempestuosa de Lutero, la sardónica risa de Voltaire, las llamaradas de elocuencia lanzadas desde lo alto de la tribuna por Mirabeau, creía también que estaba en el caso de ir á los siglos medios y resucitar los cuadros de escuelas anteriores al descubrimiento de la perspectiva, a la resurrección de la naturaleza, al estudio de la forma humana, al despertar de la Grecia y de su inagotable inspiración, a todas las espléndidas irradiaciones del Renacimiento. Para estos reaccionarios, el bello ideal se encontraba en los tiempos en que no se habían medido las proporciones, ni estudiado la anatomía, ni conocido nuestro cuerpo, entre las figuras escuálidas, todavía sobrecogidas por los terrores del infierno y apartadas de todo contacto con el Universo, hijas del vivo recuerdo de nuestra primera culpa, atormentadas por todos los torcedores del remordimiento. Si tal teoría fuese cierta, si solamente tuviéramos por estéticas las obras inspiradas en una fe vivísima, en una fe apartada de nosotros, en una fe ortodoxa, debíamos menospreciar esas mismas escuelas de Umbría y de Siena por donde ha pasado un soplo anticipadísimo del Renacimiento; esos mismos Cimabue y Giotto que han entrevisto el crepúsculo de los nuevos días del espíritu; esos mismos Nicolás y Juan de Pisa que han estudiado la caza de Meleagro en los sarcófagos griegos; y debíamos irnos a los maestros mosaistas, á sus figuras colosales y rígidas, a sus ojos muertos, a sus rostros inexpresivos, a sus grupos arreglados litúrgicamente, a su ausencia de toda anatomía en el cuerpo y de toda perspectiva y de todo paisaje en los fondos, privándonos hasta de penetrar en las catacumbas, porque sus cuadros se hallan muy cerca del antiguo paganismo y han tomado la mayor parte de sus símbolos en los bajos relieves, así griegos como romanos, y han reproducido los antiguos sepulcros.

Para contestar a estos reaccionarios, sería preciso que se restaurase el poder temporal y se devolviera el dominio absoluto en la conciencia y en la política a los papas; que en cada marca se descubriese un castillo feudal con sus fosos y sus almenas, sus puentes levadizos abajo, y arriba sus horcas ocupadas por cuatro o cinco villanos ahorcados, gran vista para sus señores y gran festín para los cuervos; que volviésemos a escribir y hablar el latín eclesiástico en vez de estas lenguas modernas cuyas primeras palabras han sido también el primer balbuceo de la política laica; que eleváramos para reemplazar nuestras fábricas y nuestras máquinas, un cordón de fortalezas y otro cordón de monasterios, y sustituyéramos al telégrafo el mensajero y al vapor el rocinante de los nobles o el rocín de los plebeyos; que la retorta química donde se ha descompuesto el agua y el aire y se han encontrado elementos nuevos nece-

sarios a la vida, se sustituyera con la cocina de los alqui-
mistas y el espectro solar y el telescopio herscheliano con
los horóscopos y la quiromancia; que pulverizáramos la
Venus de Milo, el Apolo del Belvedere, las Gracias de Siena
y pusiéramos en su lugar las esculturas bizantinas de los
siglos décimo y undécimo con sus cuerpos groseros como
la barbarie y sus labios contraídos por el *Dies iræ* de la
desesperación y de la muerte; que volcáramos de nuevo el
infierno con todos sus horrores sobre la tierra desgarrada
y devolviéramos su viejo poderío al demonio de la Edad
Media; que eleváramos en el trono de la autoridad un
esqueleto inmenso con la guadaña por cetro y en las alturas del infinito el implacable semítico Dios de la cólera y de
la venganza. La reacción artística se ha verificado. Ha tenido su estética y ha tenido sus pintores en Alemania. El fresco de Overbek trazado sobre el exterior de la casita de San
Francisco en la iglesia de la Porciúncula, es uno de sus más
bellos monumentos y una de las más felices imitaciones de
la Edad Media. Yo no puedo ver sin verdadero entusiasmo
las obras de los artistas místicos de los siglos católicos, porque tienen las dos condiciones esenciales al arte, la inspiración espontánea y la naturalidad completa. Pero yo no
puedo ver sin repugnancia las figuras modernas que no
han nacido de la cándida fe, sino del recalentado estudio.
La escuela académica, con sus griegos y romanos de con-
vención, paréceme fría y mentida; pero la escuela pre-rafa-

elista, con sus santos de encargo, paréceme reaccionaria y absurda. Los pintores como Giotto, como Fra Angélico, que es la más alta expresión del misticismo artístico, han pensado y han sentido lo que han hecho; y sus ángeles y sus Vírgenes y sus Cristos traen visiblemente en los ojos y en los rostros un divino resplandor de los cielos. Pero estas figuras convencionales de Overbek no tienen ni siquiera un reflejo de sus inmortales modelos. Aquellos grandes artistas han descuidado los cuerpos como cosa poco apreciable en las edades olvidadas de la naturaleza; pero han reconcentrado la idea purísima y el puro espíritu en los rostros, de una expresión inimitable por el candor y la profundidad del sentimiento, absorto en las divinas contemplaciones y en los arrobados trasportes: Overbek, más sabio, más matemático, dibuja mejor que sus maestros los cuerpos, ciertamente; pero no acierta, ni de lejos, a pintar como ellos los rostros. Y es porque los pintores místicos sólo han debido convertir los ojos a sí mismos para encender en fe y caridad a sus santos, mientras los pintores neocatólicos han fingido unas creencias y una inspiración que realmente ni recogían por sus venas en la naturaleza y en la temperatura de este nuestro siglo, ni llevaban dentro de sí como una idea innata.

Hay tiempos de mucha fe, que son poco propicios al arte. Para persuadirse de ello, basta contemplar uno de esos Cristos bizantinos que han brotado de la religión más pura, que han sido adorados con el fervor más intenso, que han hecho los milagros más patentes, pero que hieren todo sentimiento estético por su monstruoso dibujo y su deforme rostro. Mas preguntadle a un creyente, y los proclamará obra perfecta de los ángeles del Empíreo. Los que al ver una estatua griega creían ver al demonio, son tan poco artistas como los que al ver un cuadro místico sólo se fijan en las incorrecciones de la forma y no sienten la ingenuidad de la fe. Ciertamente se puede aprender mucha religión en San Justino, San Basilio, San Cirilo y San Clemente; pero no se puede aprender mucha estética, si es verdad, como afirma Toulgoüt en su sabia obra de los *Museos de Roma* y Rio en su *Historia del Arte Cristiano*, que sostenían la tesis de la fealdad material de Cristo. Lo que sí puede asegurarse es que la práctica de esa tesis se encuentra en casi todas las obras anteriores al nacimiento de la pintura y de la escultura modernas. La crucifixión, que luego ha sido la apoteosis más pura del dolor, que ha inspirado a Rafael su Camino del Calvario o Pasmo de Sicilia; á Velázquez y a Murillo sus dos Cristos en la agonía; a Rubens y á Rembrandt sus Descendimientos; a Miguel Ángel su Soledad al pié de la Cruz con el Divino Hijo muerto en los brazos; esa tragedia, quizá la más reproducida de todos los evangelios, no fue jamás pintada por los primeros pintores hasta fines del siglo séptimo, en que el Canon de un Concilio celebrado en seiscientos noventa y dos, permitió asunto tan religioso a los buriles y a los pinceles. La maternidad misma de María, fuente inagotable de inspiraciones profundísimas, no aparece en los primeros tiempos. La Virgen es una cándida joven, sencillamente vestida, de pié siempre, la mano sobre el corazón, los ojos en el cielo, y sólo más tarde surge contemplando un cielo más bello y más extenso en las tiernas miradas de su Divino Hijo.

En el arte precisa buscar, no lo más religioso, sino lo más bello, y es lo más bello lo más inspirado, y es lo más inspirado lo más natural y espontáneo. El poder creador del genio se parece al poder creador del Cósmos, en que muestra la relación misteriosa del espíritu con la naturaleza y la no menos misteriosa de la naturaleza y del espíritu con Dios. Sin duda por esta razón, las obras espontáneas llevan el sello de la originalidad y de la vida, en tanto que las obras imitadas llevan el sello del artificio y de la decadencia. Sumergíos en el océano de la poesía nativa, recoged luego el espíritu universal de vuestros tiempos, inspiraos en vuestra propia personalidad, y obtendréis la expresión bella de la idea, mereciendo el nombre de artistas. Cada siglo tiene su propia inspiración. Y en el nuestro, así como ha crecido el Universo, ese teatro de la idea en sus más primitivas manifestaciones; y ha crecido la Historia, ese teatro de la libertad; y ha crecido la sociedad, ese teatro del derecho, debemos esperar que crezca el arte, donde llega, por intuiciones sobrehumanas, lo finito a compenetrarse de lo infinito, y el alma del hombre a enrojecerse en la sustancia de Dios. Cuando la antigua mitología llegó al mito de Psíquis, de la joven misteriosa que deseando conocer el Amor, encendiera su lámpara, y solamente lograra verlo perderse entre los astros; en este mito, que desconcertaba la armonía del alma con la naturaleza, diríase perdido para siempre el arte, brotó la idea cristiana, y el alma, triste, desolada, llorosa, encontró a Dios. Pues en nuestro tiempo busca también la razón algo tan misterioso como el espíritu que, al comenzar nuestra era, se escapara de su seno y se perdiera en el cielo. Fiemos en que encontrará para el arte una zona más espléndida y una esfera más lata, donde se compenetren lo finito con lo infinito sin necesidad de restaurar ni los ídolos del Paganismo, ni los ídolos de la Edad Media.

Así, en el monasterio de Santa María de los Ángeles, ni las largas líneas de Vignola, ni los aparatosos cuadros de la escuela boloñesa, ni las secas pinturas de Overbek, ya quebrantadas y borrosas como la reacción de que han sido símbolo, llegan a conmoveros como os conmueve la casita, la Porciúncula, pobre choza de la oración, donde un verdadero penitente ha padecido y ha llorado. Después de visitarla, después de recoger la idea que se escapa de sus piedras, ya podéis dirigiros al monasterio de Asís y penetrar en sus góticas bóvedas y recibir en vuestra alma el presente de grandes y profundas emociones con la evocación misteriosa de una sincera fe. Y penetrados de estas ideas, nos dirigimos al monasterio y al sepulcro de San Francisco.

III.

Allá, en las alturas, sobre dos series de marmóreos arcos sobrepuestos, se alza el monumento, cenobio, palacio, iglesia, castillo, resumen de la vida en edades verdaderamente religiosas.

Entre sus muros y sus ojivas descúbrense, todavía más arriba, la ceñuda fortaleza con sus almenas medio destruidas; a un lado las colinas formando como abreviada cordillera; a otro lado la ciudad con sus edificios agrupados en torno de varias originales iglesias; al pié un torrente, ahora seco, el cual debe arrastrar gruesos cantos rodados y debe venir en la estación de las lluvias con ruidoso ímpetu. La severidad del paisaje, solemne, sobrio, majestuoso, verdadero cuadro de la escuela de Umbría, os prepara bien a la solemnidad de las religiosas emociones. Una puerta tosca, una cuesta agria, varias casas suspendidas entre las breñas, algunos olivos retorcidos cual si los azotara siempre el viento y con las raíces fuera de la pedregosa tierra, semejando a uno de esos dibujos con que Doré ha ilustrado la

Divina Comedia, son los únicos objetos que veis al llegar a la entrada del monasterio, y, en verdad, os invitan todos al recogimiento y a la penitencia. Un claustro se abre á vuestra vista, un claustro prolongadísimo, de arcos airosos, de delgadas columnas. Ni un viviente, ni una sombra; algunas golondrinas juguetean por aquellas largas líneas; menuda lluvia primaveral da sedoso lustre a la hiedra pegada por las piedras, y airecillo suave agita las largas guirnaldas de zarzas que festonean los muros. El edificio es de un exterior austero, la puerta de un trabajo prolijo, las ventanas de un gusto puramente gótico, todos los objetos que os rodean, de un aspecto monástico; y, peregrino del arte como sois, vais comprendiendo hasta identificaros casi con ellos por la fuerza del pensamiento a los peregrinos religiosos, venidos de luengas tierras y anhelantes por aplicar los labios a la losa de un sepulcro donde se guardan torrentes de vida para las almas.

Hay tres iglesias sobrepuestas como los términos de una argumentación escolástica; como las gradas de una escala mística, como las iniciaciones de las sectas, como los tres mundos, el de las sombras y de la muerte, el de la vida y de la prueba, el de la luz y de la gloria, siendo, en realidad, toda aquella aglomeración de místicos edificios, una teología en piedra. Lo primero que hacemos es descender a la iglesia subterránea, especie de caverna que guarda la tumba del santo. Las sombras se palpan, y la escasa luz que os guía sólo sirve para aumentarlas. Creéis descender al centro de la tierra y despediros para siempre del aire y de la luz. Fría humedad os penetra hasta los huesos, y el humo de las lámparas y el olor del incienso os dan la idea de que entráis en esferas sobrenaturales como en alas de algún genio, porque todo cuanto os circunda se aleja de la realidad y se acerca a la región de los sueños. Por fin, a la dudosa luz mal reflejada en los mármoles, bajo lujoso templete, tras una verja dorada, veis el sepulcro de San Francisco. Excesiva devoción lo ha ceñido con adornos modernos y lo ha coronado con lujoso templete, antes propio de jardín que de cenobio. Cuadrábale mucho más la caverna tosca, la soledad mística, la losa desnuda sobre la cual cayeran gotas filtradas por las peñas y lágrimas desprendidas de la fe. Es más poética que esta decoración de nuestro tiempo, la creencia de la Edad Media. Para aquellos fieles, San Francisco no ha muerto; está de rodillas, en penitencia, en oración, plegadas las manos, extáticos los ojos, allá en lugares inaccesibles hasta para las águilas, donde sólo pueden llegar las estrellas, intercediendo por nosotros los mortales, desarmando la cólera de Dios; y no subirá al Empíreo y no entrará en la gloria sino después del Juicio, cuando, destruida la tierra, evaporados los mares, en cenizas los astros, en pavesas los soles, consumada la obra providencial, haya podido, ofreciendo el holocausto de sus dolores por nuestras culpas y llamando la inefable misericordia sobre nuestros huesos, rescatar el mayor número de almas para el cielo y gozar así en paz eternamente de su propia bienaventuranza.

De todas suertes, profanado o no, afeado o no, es uno de los monumentos más gloriosos que hay en el planeta; es una de las piedras que señalan el camino de las edades históricas; es uno de los núcleos donde se ha condensado la materia cósmica de las ideas y se ha ido formando este cometa de origen divino y de órbita incalculable que se llama el humano espíritu. Oscuro joven, de vida ligera, de costumbres sensuales, de oficio vulgar; modesto comisionado de una casa de comercio; sin ninguna instrucción y sin otras aspiraciones que los divertimientos y los goces propios de su clase y de su edad, siente cierto día que extraña idea, como una chispa eléctrica, como un efluvio magnético, se derrama por sus fibras, por sus nervios, por sus venas; y agitado, febril, convulso, arroja los arreos de placer, de fiesta, de viaje; se ciñe cuerda de esparto a sus riñones y tosco sayal a sus carnes; abraza la penitencia para sí, la predicación para los demás; y a sus sollozos, a sus palabras, a sus cánticos, la tierra se conmueve como si la agitaran misteriosas palpitaciones; los pajarillos del cielo suspenden su vuelo y se extasían; los lobos del desierto pierden su crueldad y le lamen los pies; dejan los niños la teta de sus madres para oírle; abandonan los jóvenes el lecho de sus placeres para en las maceraciones imitarlo;

cuelgan las doncellas los velos virginales y los largos envidiados cabellos para desposarse con el ideal religioso; los guerreros arrancan las cóleras a sus hígados y los odios a sus corazones; el señor se cree igual con su siervo; los ricos reparten sus tesoros a los pobres; levantan los arquitectos místicas naves que llevan las oraciones de la tierra al cielo; esculpen los escultores santos que nadan entre los resplandecientes iris formados por los brillantes vidrios y las notas lanzadas por el órgano; empapan los pintores sus pinceles en la fe y nos suben al Empíreo y bajan hasta el alcance de nuestros ojos de carne los ángeles y los serafines que agitan sus áureas alas en la luz increada; cantan los poetas en lengua no aprendida, como las aves, todas las efusiones del amor encendido en las creadoras divinas llamas; predican los teólogos una ciencia más amplia y más cercana a los arquetipos de la eterna verdad y de la hermosura eterna; se trasforma y como que se derrite el mundo feudal de tosco hierro donde estaban atadas todas las cadenas; y sobre los dolores humanos se entreve que, así como la Biblia ha sido completada por el Evangelio, el Evangelio se va completando por otra revelación: por la revelación del Espíritu Santo, en cuyo seno renace más puro el Universo y se purificarán como en resplandores etéreos nuestras oscuras almas.

¡Oh! La historia entera es una escala de sepulcros. El sepulcro de los Faraones en las pirámides del desierto

separa el mundo oriental del mundo occidental; el sepulcro de Alejandro en Egipto separa el viejo mundo griego y
asiático del mundo romano naciente; el sepulcro de Cristo
en Jerusalén separa la historia antigua de la historia
moderna; el sepulcro de Mahoma en la Meca separa la
edad pagana en su raza de la edad monoteísta; el sepulcro
de Carlo-Magno en Aquisgrán separa los tiempos teocrá-
ticos en la Edad Media de los tiempos feudales y militares;
el sepulcro de San Francisco en Asís señala verdaderamente la decadencia del espíritu feudal y los primeros albores
del espíritu moderno. Este siglo decimotercio es un siglo
de resumen de toda una civilización, como lo fue el siglo
primero de nuestra era respecto a la antigüedad. Resume la
ciencia católica en Santo Tomás; resume la política católica en San Luis; resume la poesía católica en el Dante; resume el poder católico en Inocencio III; resume la pintura
católica en el Giotto; resume la legislación católica en
Alonso X; resume la escultura católica en Nicolás de Pisa;
resume la vida católica en San Francisco de Asís. El genio
católico ha escrito su testamento y por los bordes del hori-
zonte raya un nuevo genio. El sepulcro que adoramos es
como un planeta donde han surgido con la vegetación
frondosa de nuevas ideas los organismos varios de una
nueva sociedad. ¡Gloria a San Francisco!

Y subimos a la segunda iglesia. La necesidad de ver la luz
y de respirar el aire que sentíamos después del viaje sub-

terráneo, nos movió a salir al atrio y a detenernos un momento al pié de la columnata. Allí contemplamos la vega lejana, las montañas azules, el cielo trasparente, de ese color clarísimo que toma en el Mediodía tras una fuerte lluvia, y nos enteramos de cierto sepulcro esculpido allí, obra de Nino y propiedad de un tirano de Pisa, demente furioso como todos los déspotas, dado al lujo oriental, que no recibía á nadie si no se le presentaba de rodillas, que jamás aparecía en público sino vestido de lucientes ropajes todos sembrados de pedrería y ceñido de sacros relicarios primorosamente cincelados; y que forzaba a los artistas a regalar con obras maestras y dones cuantiosos a su impúdica esposa y a construir para él sin retribución alguna tumbas primorosísimas, puestas bajo la protección de San Francisco para que le libertara de sus propios remordimientos y le conciliase la divina misericordia. La intercesión del Santo le habrá podido valer en el cielo, pero no le ha valido en la historia.

Al cabo entramos en la segunda iglesia, cúspide de la iglesia subterránea y base de la iglesia superior, pues no debe olvidarse que los tres monumentos ocupan el mismo espacio, sobrepuestos unos en otros. Sus arcos ojivales, que se encorvan para soportar el peso del edificio de arriba; sus ventanas góticas, que ciernen resplandores crepusculares y dudosos; su pavimento tapizado de lápidas fúnebres, que os hablan mudamente del dogma de la inmortalidad y de la muerte; sus paredes, en las cuales se destacan blanquecinas estatuas entre las negras sombras; sus cuadros, en que brillan profusamente ángeles y santos y vírgenes y mártires con sus palmas verdes en las manos y sus aureolas de oro en las sienes; el color azul oscuro de las bóvedas, todas sembradas de estrellas como si vinieran al santuario para beber la luz con que han de iluminar los espacios; las figuras de los frescos, desprendidas casi de lo alto para flotar en la atmósfera de incienso; las columnas, levantándose y abriéndose cual troncos y copas de misteriosos árboles, cual ramas de ideal vegetación; las cabezas aladas entre los festones de mirto y de acanto; los vidrios de colores, que recogen el esplendor del día y lo descomponen y lo reverberan en los mármoles, tiñendo desde las losas más profundas hasta las más elevadas aristas con los matices del iris; todas estas formas del arte, todos estos símbolos de la idea, todas estas aspiraciones a lo infinito os dan tal emoción, que vuestras rodillas flaquean, vuestros ojos se sumergen involuntariamente en el éxtasis, y vuestra alma, desprendida de su cárcel de barro, busca, subiendo por la escala mística de la religión, el origen misterioso de tantas inspiraciones sublimes, la esencia incomunicable del Eterno.

El monasterio de Asís no es grande sólo bajo el aspecto religioso; es grande también bajo el aspecto artístico. En Italia, estos maravillosos edificios señalan épocas de trasformaciones del espíritu universal. Las Catacumbas guardan los comienzos del nuevo genio, la semilla; San Marcos de Venecia, los maestros mosaistas venidos del Oriente y depositarios de la tradición de Bizancio, la raíz; San Francisco, la peregrinación de los artistas que han roto el yugo bizantino y han fundado el arte moderno desde la segunda mitad del siglo decimotercio hasta la primera mitad del siglo decimocuarto: Pisa, en su cementerio, el crepúsculo vespertino del siglo decimocuarto y el crepúsculo matutino del siglo decimoquinto;

Florencia, el siglo decimoquinto en todo su esplendor, el despertar de la naturaleza en toda su veracidad, las estatuas de Donatello, las puertas de Ghiberti, los frescos de Masaccio, la cúpula de Brunelleschi; Siena, Orvieto y Perusa, los albores del siglo decimosexto; la primera, sobre las paredes de la Sacristía animados por el pincel de Pinturrichio; la segunda, sobre la capilla de la Catedral donde ha pintado Signorelli su Ante-Cristo y su último Juicio; la tercera, en la sala del Concilio, donde ha dejado Perugino sus vistosos héroes semejantes a los héroes del poema de Ariosto, con su nacimiento, parecido al nacimiento de una nueva edad; y el Vaticano, en la Capilla Sixtina con los Profetas y las Sibilas de Miguel Ángel, y en las estancias, con las Musas y los filósofos y los doctores de Rafael, la plenitud del arte que es también la plenitud de la vida.

No os cansaríais jamás de contemplar las maravillas de Asís en su segunda iglesia. Giunta de Pisa, el último de los maestros bizantinos, ha dejado al entrar en la Sacristía tosco retrato de San Francisco, despedida de un tiempo y de un genio que se alejan. Giotto ha pintado la bóveda del altar mayor quizás después de un diálogo con Dante: que el altísimo poeta empezó por aspirar a fraile francisco y concluyó por inscribirse en la orden Tercera, donde eran también admitidos los laicos. Desde el retrato de San Francisco, pintado por Giunta, a las Virtudes de San Francisco pintadas por Giotto, media una de las más señaladas evoluciones del genio, una de las más decisivas fases del espíritu. Giotto, pobre pastor, pasa del aprisco al taller, conducido por Cimabue, y la mano cansada del maestro y la mano inexperta del discípulo, al juntarse, juntan dos eslabones de la cadena del tiempo, dos puntos de la misteriosa línea de la idea. Nadie ha sabido pintar la leyenda franciscana como Giotto, porque nadie tenía más títulos para pintarla ni más motivos para comprenderla; el cenobita rompe el cristianismo tradicional y funda un cristianismo más democrático y más humano; el artista rompe el arte bizantino, el arte hierático, y funda un arte más cercano a la naturaleza y más inspirado en la humanidad; son dos términos de la misma idea, dos fases de la misma edad, dos matices de la misma alma. Así, convertid los ojos a la bóveda del altar mayor, recoged la luz cernida por los vidrios de colores, y ved como evocaciones del Renacimiento, como albores de la nueva idea, como almas que han roto la coyunda teocrática y han venido a otros tiempos, aunque todavía traspasadas por el clavo de la servidumbre, esas tres figuras capitales en los compartimentos, las tres mujeres que representan las tres virtudes primeras de la orden: la Pobreza con sus harapos al cuerpo, con su soga al cinto, con sus cabellos esparcidos, seguida de una flaca perra que le ladra; la Obediencia, con una mano en los labios y otra en las reglas monásticas, pronta a imponer el yugo a extático monje de hinojos a sus plantas; la Castidad, orando en lo alto de una torre, defendida por dos ángeles y desoyendo las seducciones que le envían en coronas y palmas.

Adonde quiera que volvéis los ojos, encontráis nuevos motivos de admiración y de asombro. Los artistas corren a porfía al convento sacro, cual si hubieran adivinado que allí estaban los dos manantiales eternos de toda inspiración: Dios y libertad. Asís aparecerá siempre como cenáculo de los discípulos del Giotto y como santuario de esta escuela. Tadeo-Gadi, a quien Giotto tuvo en las fuentes bautismales y a quien debió la orden franciscana una serie de pinturas maestras, ha engrandecido con su pincel suavísimo el crucero. Buffalmacio, sobradamente aficionado al naturalismo y olvidado del ideal, ha esparcido allí también reflejos de sus creaciones, como la trágica aparición de

Cristo a la Magdalena. El consumado dibujante, el colorista animadísimo, el precursor de la perspectiva, el maestro de los primeros escorzos, el inmortal Stefano, llena con una gloria maravillosa los espacios del ábside, gloria por desgracia perdida. Cavallini, cargado de años y de laureles, seguido por un culto universal, después de sus triunfos en Roma y en Florencia, se acerca a este santuario y pinta en el crucero de la izquierda la escena última de la terrible tragedia de Cristo, la última hora del Calvario, el Salvador iluminado por la tempestad en su alta cruz y en su postrimer agonía, con caballeros armados a sus pies, que tienen toda la energía del feudalismo, y en torno de su cabeza ángeles suaves, arrobados, místicos, que tienen toda la dulzura y todo el idealismo de una plegaria. Capanna va, se encierra allí, se consagra al arte y a la penitencia, muere mártir de su devoción por el santo y de su entusiasmo por el santuario, dejando como un símbolo de su propia desgracia y como una imagen de su sacrificio, el sepulcro de Cristo. Giottino siente también el mismo deseo de todos los artistas que aspiraban a dejar una página en el poema de Asís y corre a encerrarse dentro de sus muros sin hallar espacio suficiente a sus creaciones y sin poder teñir con su pincel más que un rincón de la capilla de San Nicolás, yéndose desde allí al convento de Santa Clara, la discípula de San Francisco, fundadora de una orden de mujeres que se calcaba sobre la regla de su maestro. Las enfermedades que le sobrecogieron no le dejaron concluir sus trabajos, y tan escaso de fortuna como de gloria, entristecido por su propio natural y por la pública ingratitud, siempre solitario, siempre encerrado en sí mismo, de claustro en claustro, pidiendo el trabajo como otros piden el pan, pasó de Asís a Pisa, de un cenobio a un cementerio, para pintar como en holocausto a Dios y obtener para la otra vida, único pensamiento suyo y objeto exclusivo de sus meditaciones, el perdón a sus culpas y el reposo que le había negado la tierra. Y aquel paso de Giottino desde Asís a Pisa, determina otra peregrinación general de los artistas desde el uno al otro santuario. Mas para que nada falte en la Iglesia baja de San Francisco, también se ve una Virgen de Cimabue, del pintor en quien acaba el arte bizantino y empieza el arte moderno. Y entre tanta maravilla hay unos cuadros de Simone Memmi, a quien su devoción llevaba a pintar como los bizantinos y su natural como los giotistas. Amigo de Petrarca, cual Giotto fue amigo del Dante, retrató a Laura después de muerta; pero con tal inspiración, que el poeta amante cree ver al pintor trasladándose desde la tierra al paraíso a fin de entrever la mujer querida, como un ideal sobre cuyos contornos apenas se suspende el velo de las formas. Pincel así no debía faltar en santuario por excelencia del arte cristiano; de esta suerte puede asegurarse que todas las obras representativas del genio italiano, que es el genio moderno, desde las florecillas de San Francisco hasta las estancias de la Divina Comedia y desde las estancias de la Divina Comedia hasta los sonetos de Petrarca; todos los comienzos de las artes pictóricas, desde Giunta de Pisa basta Cimabue, desde Cimabue basta el Giotto, desde el Giotto basta Simone Memmi se anidan, como un coro de ruiseñores inmortales, en las sombras misteriosas de este monasterio, una de las cimas indudablemente del humano espíritu.

La verdad es que la pintura moderna, después del Tabor que encuentra en Asís, está definitivamente fundada. Los discípulos del Giotto recorren desde allí toda Italia y practican el nuevo arte. Revolución tan profunda no podía verificarse sin protestas vivísimas y sin tentativas de reacción poderosas. El Giotto había concluido con la pintura hierática, con el arte bizantino, de una ortodoxia y de una severidad completas. Su genio innovador prescindió del tipo consagrado por la tradición y querido del pueblo. Atentar así á cuanto se había adorado hasta entonces, era para ciertas almas pagadas de lo antiguo, un sacrilegio tan grande como atentar al mismo dogma. Las muchedumbres creían que los Cristos deformes y colosales, que las Vírgenes rígidas e inmóviles fueron obra de los ángeles, y un pintor laico, un pintor profano se atrevía irreverente a corregir estas creaciones del cielo. Por las venas ateridas de los grandes personajes sagrados se difundía la sangre caldeada de la nueva vida; sus ojos se movían y miraban con expresión a la manera de los mortales ojos; sus largas manos y sus delgados dedos se amoldaban al humano tipo; sonreían aquellos labios cerrados; bajo las vestiduras palpitaba su cuerpo y en torno suyo comenzaba a brotar como nueva primavera toda la naturaleza. Esto no podía tolerarse por los que estaban apegados a la tradición religiosa. El Giotto había querido demostrar que Cristo podía ser adorable, divino y ser también hermoso; la Virgen llamarse mujer, palpitar bajo el manto, moverse, vivir y ganar en belleza estética y en carácter sagrado; los santos, tener los ojos y las manos como nosotros los mortales pecadores y rezar y bendecir y atraerse la pública devoción; los retratos entrar en los altares sin profanación y sin necesidad de conservar el medio primitivo, pueril, bárbaro, que deseando manifestar la desproporción entre lo divino y lo humano, ponía junto a un Cristo gigantesco un hombre diminuto; reglas hieráticas muy santas, pero en cuya rigidez se apagaba y moría la espontaneidad del genio. Margheritone de Arezzo es el pintor que más vivamente protesta contra estas innovaciones; el que más se aferra a la tradición el que con mayor empeño y porfía pinta según el modelo de las antiguas liturgias. Revelador instinto le dice que las nuevas figuras humanas son también humanas ideas; que por los cuadros de la reciente escuela se desliza una anticipada protesta; que rehacer el tipo del hombre y de la mujer en el arte, equivale a rehacer el tipo pagano; que evocar la

Naturaleza, esa madre del pecado, vale tanto como evocar el genio de la antigüedad para completar el genio del cristianismo; que tras esta revolución artística asoma una revolución científica, una revolución religiosa, una revolución política, en las cuales se aneguen las tradiciones y sólo sobrenade la razón. Lo cierto es que llama a la puerta de los conventos; que concita las iras de las órdenes monásticas; que apela al Papa; que recibe de éste orden para pintar según la antigua usanza; que consume sus fuerzas provocando una reacción universal; que maldice de los innovadores y de sus procedimientos, y como todos los reaccionarios de la historia, muere de dolor al reconocer la impotencia de sus esfuerzos y la fragilidad de su obra.

Dominados por estos pensamientos subimos a la tercer iglesia, a la iglesia superior, que se destaca allá arriba como una aureola. ¡Cuánta luz! Parece amasada en el éter de los espacios celestes. Hasta su pavimento resplandece como si caminarais sobre el disco de un astro. Las columnas se aligeran y se lanzan audaces a lo alto; las ventanas se rasgan y se espacian; los vidrios suben por aquellos claros y por aquellos rosetones para dar a la luz toda suerte de cambiantes; las naves, de hermosa manera pintadas, semejan al cielo lleno de bienaventurados que cantan en coro entre estrellas y flores; la ornamentación se enriquece en inacabables guirnaldas como si pretendiese encerrar allí la universalidad de las cosas creadas; los frescos tienen tal viveza y tal colorido que deslumbran; los altares brillan maravillosamente cincelados tras verjas doradas de una labor primorosa; el vértigo producido por tanto resplandor en las alturas es tal, que os creeríais atravesando en sagrado tabernáculo sobre las alas de los serafines el espacio infinito en pos del divino ideal, eterna aspiración del alma y eterno arquetipo del universo. Poblad este templo y lo veréis animarse como si todavía estuvieran vivas las ideas que lo levantaron al cielo. Los peregrinos se agolpan a la puerta; los monjes cantan en el coro; los fieles se arrodillan al pie de los altares; los oficiantes con sus capas de damasco y de brocado, celebran la misa entre murmullos de oraciones que tomaríais por el aleteo de las almas; sube el incienso en espirales a las bóvedas y baja la luz de las áureas lámparas y de las místicas ojivas; la melodía del órgano llena de acentos angélicos las naves; la voz de la campana llama desde la torre lo infinito y por los arcos, acabados en un punto, como el pensamiento y la naturaleza acaban en la unidad de Dios, se elevan las almas, cual por la escala de Jacob, a perderse, huyendo de los dolores y de los desengaños terrestres, en el seno de la eternidad.

¡Cuán maravillosamente comprendían los hombres de aquella edad el arte religioso! Estos tres templos elevados en el mismo espacio, puestos el uno sobre el otro, me parecen la imagen de la vida con sus raíces en el sepulcro y con sus cúpulas en el cielo. ¡Cuántos esfuerzos, cuántos trabajos, cuántas oraciones, cuántas lágrimas, para subir desde ese antro húmedo, desde esas tinieblas espesas, desde ese frío mortal de la última iglesia encerrada como el feto informe en las entrañas de la tierra, a la iglesia media que se dilata, como nuestra vida terrena, que mezcla sombras y luz como nuestras ideas y nuestras pasiones, que quiere alzarse a lo infinito y se encorva y se baja al peso abrumador de sus aspiraciones; hasta que al postre, en el término de esta serie, en el último peldaño de esta escala, en el esfuerzo último de ascensión al ideal, se eleva la iglesia superior como la sobrehumana transfiguración alcanzada por nuestro dolorosísimo ser, el cual, después de haber pasado por el dolor y por la penitencia, entra allá en el cielo para coronar la pasión de nuestra vida que no debe concluir en eterna muerte, no, que debe concluir y concluirá por divina resurrección!

Creeríais que va a reproducirse el apólogo alemán inolvidable en aquellas trasformaciones sucesivas del arte. Parece que, nacido en el fondo de las tinieblas y en las cavernas cercanas a la nada, acostumbrado a la soledad y al silencio; sin oír más que el rozar de las aves nocturnas con sus sedosas alas en vuestras sienes o el ruido de la gota de agua como lágrima eterna en los abismos; sin ver más que la retina del búho y de la lechuza que os miran burlonamente o el fosfórico resplandor de los huesos descomponiéndose por la humedad en la tierra, viene de pronto un genio y os dice que si queréis ver algo superior le sigáis y os lleva en noche serena de plenilunio a las alturas y os enseña la casta luna en el cenit con su corona de estrellas, saludada por el ladrido del perro y el canto del gallo y la sonata del ruiseñor, obligándoos a creer, como hijo de las tinieblas, aquel mustio resplandor pleno día y a quedaros allí contemplando eternamente la plateada faz del astro de las sombras, como tomándola por la última expresión de la vida y por el último grado de la luz. Y luego otro genio os toma la mano y os muestra el sol del mediodía, esplendente, luminoso, ardentísimo, ante el cual es la luna como el fósforo de la oscura caverna y veis que el sol pinta las flores, anima al coro de las aves, derrama a torrentes la electricidad, enciende la sangre de todos los animales, suspende por cadenas invisibles en torno suyo los planetas y aumenta con su luz y su calor la vida. Y bien hallado en esta tierra hermosísima, desde cuyo seno se descubre un sol tan espléndido, anhelaríais quedaros en ella, vivir eternamente en su regazo, cuando viene otro genio superior y os lleva en sus alas a contemplar estrellas ante las cuales nuestro sol es como la luna. Y allí queréis quedaros, puesto que, triste helecho de una caverna solitaria, habéis subido hasta ese grado superior de la vida, cuando viene un ángel y os enseña algo mayor y más hermoso; las ideas eternas, en cuya comparación vienen a ser como sombras los soles, y el Eterno Dios, en cuya presencia es como una mustia luciérnaga todo el Universo. Y de ascensión en ascensión habéis subido, materia informe, sombra espesa, niebla del vacío, a la luz, a la vida, al amor, a la inspiración, al arte, a la ciencia, a las cimas últimas del cielo, a las últimas esferas del pensamiento, hasta ver en sobrehumanas intuiciones al Creador, y en el Creador la verdad, la bondad y la hermosura perfectas.

Desde la iglesia de Asís nos fuimos a una montaña cercana, como si tantas emociones nos hubieran dado el deseo, nunca satisfecho, de subir y subir más. Cuando la tarde espiraba, las campanas del monasterio tocaron el *Angellus* y llamaron a la oración. No pude reprimir, al impulso de aquellos sonidos, un vuelco de la sangre que me recordó mi infancia y las mismas horas poéticas y los mismos toques de la solemne campana y el mismo murmullo de mística oración. Las sombras de los siglos pasados se alzaron de sus panteones y se suspendieron sobre la cima del cenobio para decirme que en aquel campanario de San Francisco se había saludado por vez primera con lengua de bronce el crepúsculo, cuyo poético *Angellus* había corrido, en alas de las ideas, lejos, muy lejos, hasta las islas de los mares índicos, hasta los desiertos de América, como un zodiaco de misterios inefables que abrazara al planeta. Entonces me pareció oír que al Ave-María de las campanas se mezclaba el Ave-María de las piedras del monasterio, y al Ave-María de las piedras del monasterio el Ave-María de todos los seres de la tierra, y al Ave-María de todos los seres de la tierra el Ave-María de todos los astros del cielo en universal plegaria. Y vi a los grandes poetas del siglo pasar ante mis ojos; al que cantó la campana desde el momento en que su materia candente hierve en el molde, hasta el momento en que su voz solemne llama a los vivos y llora a los muertos; al que desde las torres de Nuestra Señora saludó con su alegre campaneo el día de la resurrección del espíritu humano alzado del sepulcro de la Edad Media a la vida del Renacimiento; al que apartó de los labios del alquimista desesperado la copa de veneno cuando los ecos del órgano y el repique de la Pascua le dijeron que no se había perdido la esperanza; al que, cargado con todas las culpas y todas las dudas de su edad, dolorido con todos los dolores humanos, calumniado como amador de la vida y ansioso por el martirio y por la muerte, desde las altas torres de Venecia agrandadas por el crepúsculo, sintió caer los toques misteriosos del *Angellus* sobre la celeste laguna en que comenzaban a retratarse las primeras estrellas de la tarde y oró con lágrimas en los ojos, y al través de las lágrimas y de las oraciones vio pasar sobre las nubes del ocaso la Madre del Verbo con su manto celeste, su extática mirada, la luna bajo las plantas, la mística paloma sobre la frente, estrechando a todos los seres contra su seno inmaculado en trasportes de maternal amor.

¡Quién no verá en el misterio del crepúsculo, en las últimas purpurinas nubes del ocaso y en las primeras rayas plateadas del alba; lo mismo sobre la cuna que sobre la tumba del día, esa fuente de amor, esa estrella del mar, esa inspiración del alma, a cuya inefable hermosura consagran una letanía sin fin lo mismo las cosas creadas que las ideas increadas, lo mismo los seres materiales en sus límites que las obras artísticas en sus luminosas órbitas, Virgen y Madre, a cuyos pies baten las alas blancas los ángeles y a cuyas sienes se agrupan las estrellas, eterno ideal que el corazón adivina y que no puede alabar como se merece la tenue palabra, forzada á enmudecer ante tanta virtud y tanta belleza en una religiosa inexplicable oración que sube al cielo como los vapores de la tarde, como el aroma de las flores, como las nubes del incienso, a mezclarse y confundirse en la aspiración de todo lo creado hacia la increada luz!

IV.

La verdad es que no hay monumento como el de Asís, ni vida como la de San Francisco para estudiar uno de los hechos históricos en que más empeñada, repito, se halla la ciencia moderna; el nacimiento de las leyendas religiosas. Cada una de estas piedras da testimonio vivo de cómo un hombre, sujeto a todas nuestras condiciones, se eleva en poco tiempo a lo sobrenatural, perdiéndose en los celajes resplandecientes de la fantasía hasta convertirse su persona histórica en mito, su vida real en soñada leyenda. Extraordinarias facultades morales o intelectuales, a la verdad, le adornan; exaltada virtud, elocuente palabra, efusivo amor, le llevan a grandes ideas y a grandes hechos: las gentes le siguen, los sectarios le adoran, los discípulos lo magnifican y poco a poco la fantasía inflamada lo trasfigura, y el arte, el buril y el pincel acaban la obra iniciada, que crece y toma diversas fases en los espejismos siempre movibles de las tradiciones. Después de algún tiempo puede resultar el pensamiento de Aristóteles, puede resultar la poesía más verdadera que la historia, o el pensamiento de Platón que la belleza del mito sea sólo el resplandor de su verdad intrínseca y el hombre del arte y de la poesía aparezca más real que el hombre de la crítica y de la historia. Pero venid a esta tierra de Asís; registrad estos sitios consagrados por una de las más bellas figuras que guarda en sus anales la humanidad; id a u casa, todavía señalada en las tradiciones, donde encontraréis el recuerdo de los castigos impuestos por su familia a la extraordinaria vocación del santo; trasladaos a la humilde choza en que ve al Crucificado en sus éxtasis y traza la orden seráfica en sus meditaciones; salid luego al templo-cenobio y sentiréis cómo un joven falto de ciencia y de letras, movido sólo del amor, tras una vida exaltadísima por la intuición de lo sobrenatural y la práctica de las predicaciones; tras un sacrificio continuo por el bien de los demás hombres, puede tener en la piedad de los creyentes cuna sobrenatural y sobrenatural sepulcro; herir en la imaginación de los poetas la tierra estéril y hacerla brotar un raudal de inspiraciones; promover y despertar en la mente plástica de los pintores un cielo de grandiosos pasajes que animen con místicas reverberaciones y extáticas figuras tablas y lienzo, bóveda y pared, claustros y altar; crecer en la fe de sus sectarios hasta el punto de que combatan y mueran por su persona o por su doctrina, exaltando una y otra hasta los límites altísimos de la leyenda y convirtiéndolas en gracioso ideal de las venideras generaciones.

Nada hay más rico que la leyenda religiosa de San Francisco de Asís, y nada hay más sencillo que su vida histórica. Cierto comerciante de paños y una buena mujer son sus padres. El comerciante se llama Pedro Bernardone, y hace continuos viajes allende los montes en tierra de Francia. A la vuelta de uno de estos viajes, encuéntrase hermoso y esperado hijo allá por los años de 1182. La madre le había puesto ya el nombre de Juan; pero el padre, en recuerdo y en agradecimiento a la tierra de Francia, donde se había enriquecido, le puso el sobrenombre de Francisco. Su educación fue algo esmerada, si se atiende a la rudeza de aquel tiempo. Aprendió medianamente el francés en las conversaciones con su padre, muy dado a este idioma, y tomó alguna tintura de latín eclesiástico en el mejor seminario de su pueblo. Su juventud pasó encendida en todas las pasiones y agitada por todos los placeres. Lo elegante de su apostura y lo escogido de sus maneras; la varonil belleza del rostro; la gracia y la fluidez de la dicción cierta vena poética para escribir versos; cierta dulzura para cantarlos, dábanle renombre de galante y traíanlo siempre entre jácaras, comidas, aventuras, bullicios, serenatas, amores y orgías.

Había en tales fiestas una especie de director a quien llamaban rey, dándole bastón o cetro a la mano y ciñéndole a las sienes rica corona de flores. El que tal cargo desempeñaba, distribuía los papeles en las farsas públicas; dictaba a cada cual las canciones y señalaba los sitios donde debía entonarlas; componía los coros y los ensayaba; concertaba las parejas en los bailes; presidía las comidas y las cenas. Así es que por las noches, en aquellas gozosas fiestas, al verlo pasar precedido de las músicas, acompañado de los humeantes hachones, dirigiendo numerosísima juventud que al son de los instrumentos entonaba deliciosos coros, llamábanle todos alegría de Asís, flor de sus campos, espejo de sus moradores. Su amor propio era tan grande que recogía aquellas alabanzas y las guardaba en la memoria, para repetirlas a cada instante; su ligereza tan extrema, que requería de amores a todas las jóvenes y no se fijaba en ninguna; sus dispendios tales, que temía la familia verle disipar en las larguezas de sus placeres los ahorros de tantos tiempos consagrados a la economía y al trabajo.

La ambición se juntó a sus demás pasiones para que ninguna de las tormentas humanas dejara de atravesar aquella alma. Los libros de caballería le trastornaron el seso. En la Edad Media no existía esta inmensa distancia que existe hoy entre la realidad y la imaginación. Creíase hacedero el realizar con la voluntad lo soñado en la mente. Un caballo y una lanza; un pecho férreo y un brazo atrevido bastaban a dar seguridad de emprender las mayores aventuras en aquella tierra movediza, a cada paso abierta por las hendiduras de los volcanes, deshecha por los sacudimientos de los terremotos, trasformada por las continuas catástrofes. Un reino desaparecía con la misma facilidad con que se formaba otro. Del Norte venían tribus y del Sur también que trastornaban geografía y política. La aparición de un señor de Alemania en los Alpes o de una legión de Arabia en Sicilia, bastaban a desconcertar todos los pueblos y á traer todas las guerras. Por las alturas constituíase cualquier desalmado en príncipe feudal con sólo tener fuerza a sujetar a los campesinos del llano y a limpiar de competidores el monte. Así es que al ir Gauthier de Brienne en demanda de Sicilia a disputar al grande Federico II, tan aborrecido de los Papas, la posesión del hermoso reino, pensó Francisco de Asís en seguirlo, en pelear a su lado, en ganarse a punta de lanza un castillo o un reino donde saciar su sed de placeres y ejercitar la febril actividad de sus ambiciones.

En sueños, después de haber corrido muchas tierras, peleado con innumerables gentes, ganádose fama de héroe en repetidos encuentros y ruidosas víctimas, veía surgir de los abismos a los aires riquísimo castillo, medio fortaleza y medio palacio, con salones interminables donde campeaban, pendientes de las paredes, arneses, penachos, cimeras, cascos, lanzas, broqueles, manoplas, escudos todos riquísimos, capaces de deslumbrar los ojos más acostumbrados a la plata, al oro, a la pedrería y preguntando a quién pertenecían tantas maravillas, contestóle misteriosa voz que a él y a cuantos paladines le siguieran. Sus deseos febriles y sus ensueños inquietos llevábanle desde las aspiraciones del amor a las aspiraciones de la ambición Su biógrafo Celano le pone en los labios esta palabra que no deja lugar a duda alguna sobre sus deseos de reinar: *Scio me magnum principem futurum.*

Al principiar el siglo decimotercio, las cruzadas retroceden, no porque hayan conquistado el sepulcro de Cristo definitivamente perdido para la cristiandad, a pesar de las victorias del gran Federico II; sino porque han conquistado las populares comunidades, iniciación de la democracia sembrada para siempre en el suelo de Europa. La voz de los misioneros que siglos antes produjera un pueblo nómada y armado, el cual desde nuestro continente se trasladaba al Asia y moría abrasado en el desierto por el fuego de las arenas y el fuego de la fe, esa voz que llevaba disuelto el espíritu católico, se estrellaba en el renacimiento de la libertad y en el creciente desarrollo del trabajo. Pero San Francisco, uno de los fundadores de la democracia religiosa que debía acompañar a la democracia política, fue a las últimas cruzadas, separación verdadera entre el término de los tiempos feudales y el principio de los tiempos modernos. Con la misma alegría de siempre y con la misma ligereza, como si corriera á una de las procesiones o a una de las fiestas de su valle, corre a las cercanas costas, se embarca en las pesadas galeras, aborda a las playas de Damieta, entra en el ejército cristiano, y no bastando a su exaltado celo y a su febril impaciencia la marcha lenta de aquellos caballos y caballeros abrumados bajo el hierro de sus armaduras pesadísimas, anda a pié por el desierto, penetra en el interior del África, se avista con el jefe de las tribus árabes de Egipto, le predica la fe cristiana, le propone mostrarle entrando en una hoguera y saliendo ileso la verdad del Evangelio y deja allí una orden de penitentes para que rodeen con sus plegarias y con sus martirios de una especie de escudo religioso y de fortaleza moral inexpugnable, el Santo Sepulcro que no han podido rescatar ni la autoridad de los reyes ni la fuerza de los ejércitos.

¿Cómo se ha verificado esta trasformación maravillosa? A la edad de veinticuatro o veinticinco años, terrible enfermedad le sobrecoge y le lleva a las puertas del sepulcro. Pero sale triunfante de esta prueba, y en la convalecencia extrañas visiones se dibujan confusamente por sus retinas caldeadas de ardentísima calentura e hinchan su corazón de amores hasta entonces desconocidos, como si toda su alma se desprendiese de las terrenales ligaduras y sobrepuesta al cuerpo se recreara en contemplarse a sí misma y en contemplar a través de sus ideas, como a través de claro vidrio, la imagen de Dios. La fuerza de la costumbre, sin embargo, le llevaba á sus antiguos placeres, cual si en ellos se encerrase toda su vida y lo confundía con sus antiguos amores, cual si no pudiese sin ellos pasar por este mundo. Un día siente la ciudad estrecha, la tierra árida, sus amistades insípidas, sus amores vanos, la campiña de Asís como un desierto, el cielo como un pálido crepúsculo, sus ambiciones como fantasmas y se propone desasirse del mundo y perderse en ideal superior a la vida. Para llegar desde el torbellino y el huracán de todos los placeres a este rudo ascetismo, había necesitado pasar por muchos y muy crueles tormentos. Lo que más le apenaba en tan suprema crisis, era el horror que sentía hacia sí mismo, el menosprecio de todo su ser, el remordimiento por su pasada vida, sus locos placeres, sus locas ambiciones. Aparecía deforme y monstruoso a la mirada más escudriñadora y más segura;

a la mirada de su propia conciencia. Queriendo combatirse a sí mismo, se lanzaba al torrente de sus antiguas alegrías a ver si en el ruido y en el movimiento ensordecía su interior hasta no oír esas voces de reconvención y de angustia que le trastornaban. Pero las fiestas públicas aumentaban su tristeza, el canto le sonaba a carcajada histérica, el vino le sabía a vinagre, los manjares a hiel, la hermosura a frío esqueleto, el amor a hastío, la amistad mundana a mentira, y sobre los trasportes del placer oía la salmodia de invisible entierro que llevaba a sepultar en lo pasado toda su existencia tal como hasta entonces había sido. La soledad se convirtió en su única compañera. Allí, apartado del mundo, se veía frente a frente a sí mismo y analizaba sus pasados afectos y argüía contra sus ambiciones como contra sus pecados. Muchas veces los amigos le asaltaban, le sacudían para arrancarlo de aquel sueño, le llevaban a las fiestas; pero él, deseoso de no desmerecer a los ojos mundanos de aquellas gentes y no revelar las interioridades del alma, pretextaba buscar un tesoro, e iba a encerrarse en oscura caverna donde, entre ayunos, maceraciones y penitencias, se alejaba de toda su vida pasada y prometía y juraba abrazar otra vida contraria. Cuando entraba en la caverna semejaba un hombre de este mundo, y cuando salía semejaba un hombre de otro mundo, como si bajase de alguna región sobrenatural, como si trajese en su retina y en su frente resplandores de lejanos cielos, como si se trasparentara su recóndita alma. Había perdido toda idea del tiempo y del espacio en que estaba, y tomado alas sobrenaturales y trasportádose a la tarde suprema del Calvario, donde veía las tinieblas en los cielos y los terremotos en la tierra; las piedras rompiéndose de dolor y las estrellas disipándose en cenizas, la ciudad proterva iluminada por el relámpago y el pueblo deicida iluminado por la ira; fuera los esqueletos de su sepulcro y velados los ángeles en las nubes; las santas mujeres confundiendo sus sollozos con los bramidos del huracán y el discípulo amado y la Virgen Madre al pie de la cruz en cuyos brazos pendía el Hijo del Hombre sacrificado en desagravio al Eterno por rescate de todas nuestras culpas, con la cabeza caída sobre el pecho, las sienes traspasadas por espinas goteando sangre, abierto el costado, desgarradas las manos y desgarrados los pies, próximo a lanzar aquel último suspiro y aquel último gemido que llevó hasta la eternidad el eco de nuestros dolores y la sombra de nuestras acerbas tristezas en aquella última hora de la consumación de todas las profecías por el holocausto de la divina víctima y del milagro de nuestra costosa redención por el dolor y por el martirio. Y cuando había visto todo esto con los ojos y tocádolo con las manos, sus sienes se taladraban, se abría su costado, llenábase de sangrientas nubes su vista, caíasele sobre el pecho la cabeza, llagábanse sus manos y sus pies, sentía en el alma todas las angustias como en el cuerpo todos los

dolores del divino mártir, y salía por calles, por encrucijadas, por campos vertiendo lágrimas, pues aunque todos los
seres creados llorasen por toda una eternidad la muerte de
Cristo, no llegarían al dolor que tan sublime sacrificio debe
merecer a la humanidad regenerada. Y la transfiguración
de Francisco es como la transfiguración de Sócrates, como
la transfiguración de Cristo, como todas las grandes trans-
figuraciones, en el dolor y en el martirio.

V.

Los padres de Francisco se inquietaban mucho de los
trasportes de su hijo, ellos que no se habían inquietado
tanto de sus placeres. Parecíales que en tal estado perdía la
salud y arriesgaba la vida. Lo que más les apenaba era ver
el demacrado rostro, la rugosa piel, los ojos vidriosos, las
manos huesosas, la frente surcada, los pómulos caldeados,
trémulos todos los músculos, ahuyentado el sueño de sus
párpados enrojecidos, ocupada la mente de visiones, fuera
de su cauce natural la vida, como si perteneciese a otro
mundo. Las tradiciones refieren que un día se fue a comu-
nicar la vocación de penitente al padre desconsolado.
Temblaba en los labios de Francisco la palabra y crujíanle
los huesos en las rodillas. Apenas acertaba á proferir una
frase, porque preveía cuánta amargura iba a derramar en

las paternales entrañas. Su familia había soñado para aquel hijo querido con una posición desahogada, con un comercio agrandado, con provechosos viajes allende los montes, con un matrimonio de conveniencia, con un influjo político en aquellas repúblicas donde ya comenzaba a sobreponerse la nobleza del trabajo a la nobleza del combate. Imaginaos cuánta sería su pena al oírle que despreciaba toda aquella fortuna aglomerada con tantos desvelos para él; que la quería repartir entre los pobres; que iba a darse a la soledad y á la contemplación de las cosas eternas; que tosco sayal bastábale para sus carnes manchadas por el pecado, grosera cuerda para sus maldecidos riñones, las hierbas del campo para alimento, las cavernas para vivienda y para reparar sus fuerzas, por toda licor el agua que la lluvia deposita en las líneas de las peñas, donde las aves se embriagan y toman fuerzas para perderse en lo infinito y henchirlo de cánticos que son verdaderas alabanzas al Criador.

Los padres no quieren jamás una carrera demasiado vertiginosa para sus hijos, un ministerio que pudiera traerles mucha gloria, pero también muchos dolores. Sublimemente egoístas, por preservarlos hasta del tormento de las humanas grandezas y del vahído de las inaccesibles alturas, los llaman a la felicidad vulgar que se encierra siempre en las doradas medianías de la vida. El padre de Ovidio no quería que su hijo cantase, como si adivinara que los cantares le habían de arrastrar al destierro y le habían de entristecer toda la existencia; el padre de Petrarca no quería tampoco oír que fuese, aquél a quien había consagrado para sacerdote de la Iglesia, amante de las Musas, como si temiera dolores tan agudos en gloria tan grande cual un amor sin esperanza; el padre de Miguel Ángel le vedaba el buril, los pinceles y le arrancaba de los talleres, adivinando aquel genio aislado en su gloria como el Dios semítico en la eternidad, dolorido por las desproporciones gigantescas entre las ideas y los medios de expresión, sin precedentes y sin posteridad, sin mujer y sin hijos, sin familia y sin amigos, sólo con el peso de sus pensamientos, grande, muy grande después de su muerte, pero desdichado, muy desdichado en la vida. El buen comerciante Bernardone quería para su Francisco el hogar y no las cavernas, el amor y no el tormento, la fortuna y no la miseria, la felicidad y no el combate, un lecho mullido en invierno y no la lluvia y el viento, un abrigo contra las tempestades y no el deshecho oleaje de embravecido mar de lágrimas, la felicidad vulgar y no la penitencia, la vida ordinaria y tranquila, pero no el dolor y el martirio, aunque luego le valiesen la inmortalidad. Así es que, ciego de cólera, le castigó duramente. Todavía se enseña en Asís el sitio donde le encerró y le ató para que no se escapase a emprender sus vocaciones celestes. Todavía se ve en una Iglesia el fondo de la oscura mazmorra, la efigie del santo en oración, su cuerpo atado con duras cuerdas, mustia luz iluminándole en aquel tormento aceptado con resignación como una nueva prueba de su amor a Dios. La madre, la madre cariñosa, amante, con las entrañas desgarradas, fue a soltar al pobre pajarillo enjaulado, a dejarle todo el aire y todo el cielo por que suspiraba, aun a costa de verlo llevarse en aquel vuelo desde el sacro nido al frío claustro su corazón a pedazos. El santo corrió á su arbitrio por montes y por valles, se hincó en las alturas y se encerró en las cavernas; predicó a las aves del cielo y a los hijos del hombre; se armó contra todas las pruebas que pudieran aguardarle de estas dos ideas, de que el dolor debía tomarse como un presente del cielo y la muerte misma tenerse después de sus horrores y de sus tristezas como una perfecta visión de Dios. Pero su familia no podía creer en esas extraordinarias vocaciones. El refrán evangélico de que nadie puede ser profeta en su patria, se confirma siempre. La familia, los amigos, ven demasiado cerca las enfermedades del niño, las pasiones del joven, las faltas del hombre, las miserias de la vida diaria para creer que pueda trasformar una edad, redimir un mundo, torcer la corriente de los tiempos, levantarse a las alturas donde brillan y truenan los héroes y los dioses de la historia. No saben los seres vulgares, allá en su órbita estrecha, de cuánto poder está dotada una fe profunda y de cuántas maravillas es capaz una virtud incontrastable. En aquellos predestinados a renovar el espíritu, a purificar la tierra, suele poner la previsora Providencia facultades en armonía con sus maravillosos fines, como la naturaleza da órganos en proporción con sus respectivos destinos en la vida universal a todos los seres orgánicos. Una vocación extraordinaria, un trabajo hercúleo, una elocuencia maravillosa, un amor incomprensible al combate y al martirio, una inspiración febril, suelen, desequilibrando las facultades, dar al predestinado, juntamente con inmarcesibles glorias, irremediables desgracias y defectos. Al fin, toda verdadera grandeza se resuelve en verdadero martirio, y algo hay por necesidad que quitar de todo cuanto favorece á la familia y al hogar, en aquellos destinados a servir desde los resplandores de la gloria, esa hoguera voracísima y martirizadora, a toda la humanidad y a toda la tierra.

Imagínese el efecto que produjera entre el vulgo ver convertido en penitente al galán, y sus cánticos en sermones, y sus brocados en sayal, y sus amores fáciles en heridas profundas, y sus orgías en penitencia, y su vida ligera en muerte anticipada por el sacrificio y por el martirio. Unos se reían a hurtadillas, pero otros a mandíbulas batientes y en su cara. Los más le tenían por loco. Tirábanle los chiquillos de la calle piedra y barro; azuzaban los perros para que le mordieran; seguíanle en tropel como a un bicho raro, mofándose de él, escarneciéndole, insultándole, entre la pública algazara. Pero contra todas estas amarguras tenía el pobre solitario su incontrastable resignación. No hay sino leer el capítulo octavo del libro titulado: *Fioretti di San Francesco*, que se encuentra a cada paso por las librerías de Italia. Andaba el santo en compañía de un su hermano en Cristo llamado León desde Peruza a la Virgen de los Ángeles, por mal camino y agrio tiempo. El viento era huracanado, y el frío intensísimo. Viendo Francisco tiritar a León, propúsole una especie de problema, a saber: que acertara dónde estaba la verdadera alegría. León no podía acertar, y San Francisco le dijo: ¿Pues no es verdadera alegría volver el oído al sordo, el movimiento al paralítico, la vista al ciego, la vida al muerto; ni saber todas las lenguas, ni profesar todas las ciencias, ni descubrir todos los misterios de lo pasado y los secretos de lo porvenir, ni conocer las cosas divinas y humanas, ni predicar de tal manera que se convirtiesen por un solo sermón todos los infieles a la fe? encontraríase la verdadera alegría en que, al llegar a nuestro convento, calados por la lluvia, transidos de frío, exhaustos de fuerzas, muertos de hambre, y llamar a la portería, el portero nos preguntase quienes éramos, y dándole nuestros nombres, nos desconociese y nos creyese dos malhechores errantes por el mundo en acecho de las ajenas haciendas, y saliera y nos agarrara por la cogulla y nos derribara al suelo, y arrastrándonos sobre el barro helado, nos diese con nudoso palo tal paliza, que nos quedáramos ambos por muertos, amoratados de los pies a la cabeza; que entre los dones del Espíritu Santo el mayor es vencerse a sí mismo y soportar todas las injurias y todos los dolores y todas las tribulaciones por la gloria de Cristo. Así, al principio de su conversión, viéndole triste y cabizbajo sus amigos, preguntábanle si se fijaba al cabo en alguna dama y padecía de amor, a lo cual contestaba en el estilo caballeresco propio de los libros más leídos entonces, que el amor le metía en su fragua y lo abrasaba y lo enrojecía como a hierro candente, trastornándole por una dama cuyo recuerdo tenía siempre en la memoria, y el nombre en los labios, y la divisa en el pecho; la más noble, hermosa y buena que podía soñarse, a saber: la pobreza, hija del cielo y tendida sobre los estercoleros de la tierra, pero con poder bastante a desasirlo de todas las miserias terrestres y elevarlo a la visión de Dios y a la compañía de los ángeles, pues recibió a Cristo en el establo y lo condujo hasta el Calvario, y cuando sus discípulos le abandonaban y corrían a ocultarse de las iras de los tiranos y de las furias de los elementos y la Virgen Madre no podía llegar hasta su divino cuerpo desde el pié de la Cruz, la pobreza, invisible, pero presente en lo alto, le abrazaba y le veía más cerca que nunca como la esposa inseparable del Redentor, tanto en vida como en muerte.

Llevado de estas inspiraciones, fundó sobre aquel férreo mundo feudal la orden de su nombre, que se alzaba en estas tres virtudes capitales: en la castidad más pura, en la pobreza más grande y en la obediencia más ciega, como holocaustos ofrecidos a la pasión y á la memoria de Cristo. Y después de haber consumido su vida en la caridad; después de haber organizado su Asociación, compuesta de pobres y humildes; después de haber sido un ideal viviente de penitencia, a los cuarenta y cuatro años, atormentado por todo género de enfermedades, absorto en toda suerte de éxtasis, perteneciendo á este mundo por los últimos eslabones del tiempo y de la vida, y á otro mundo mejor por los llamamientos de su inquieto deseo, San Francisco entró en agonía y al comprender que no le quedaba en este bajo mundo cosa alguna por intentar, y que se iba a otra vida, apretóse sayal y cilicio, amontonó como lecho propio de su cuerpo desgarrado frías cenizas, hincó las rodillas y plegó las manos, puso los ojos en el crucifijo, llamó a los monjes sus compañeros para que en torno suyo entonaran al son del órgano la poesía y los cánticos compuestos en las horas de místico deliquio, los cuales encerraban el *Te Deum* consagrado por todas las cosas creadas desde el sol hasta la luciérnaga a su Creador, y recibiendo la muerte en sus párpados como si recibiera tranquilo sueño, volóse el alma en pos de lo infinito, a la manera de una melodía religiosa, de una nube de incienso, de una amorosa plegaria, de una etérea llama.

La muerte es verdadera trasfiguración. El ser más vulgar crece y se vuelve un ser sagrado en el sepulcro. Encierran los cadáveres en su ataúd sus errores, sus faltas y sus vicios, como si fueran los gusanos de la podredumbre y sólo exhalan los aromas de la virtud, como si la virtud solamente fuera el alma inmortal. No debíamos pintar la muerte como un esqueleto, con los ojos cavernosos, huecos, vacíos, y la guadaña en las huesosas manos despojadas de venas, fibras, nervios y piel; debíamos pintarla como divino ángel, sonriente, gozoso, luminoso, que recoge las almas en sus blancas inmaculadas alas y a través de lo infinito, entre los coros de las estrellas, se las lleva para engarzarlas allá en la inmensidad de los cielos. El sepulcro vacío, oscuro, silencioso, donde todo acaba, es un océano de luz y de vida. El problema de nuestra existencia no está en vivir, sino en morir; no está en pasar por este mundo, donde todos combaten, quieran o no; está en llegar al puerto seguro de la muerte, donde todos descansan. La creencia general no se engaña cuando afirma que nuestra tumba es cuna, nuestro ataúd lecho, y el cadáver podrido para este mundo un recién nacido para otro mundo mejor. Así, en cuanto el pobre penitente de la Porciúncula se perdió en las tinieblas de la muerte, comenzó a brillar en sus sienes la aureola de la inmortalidad. Todo cuanto había de vulgar en su vida, de desordenado en sus palabras, de extraño en su proceder, de original y hasta insensato en sus maneras y en sus costumbres, todo se perdió, y sólo quedaron los resplandores de su alma en los cielos, las cadencias de sus cánticos en los aires, las huellas de sus virtudes en la tierra, el eco de su predicación religiosa en los oídos, las llamas de su caridad en los corazones, las historias de su vida y de su muerte trasformadas por la fe en una religiosa leyenda. El calavera de los juegos y de las jácaras, el rey de los festines orgiásticos, el ambicioso de principados y castillos, el pobre loco a quien su padre ataba en una prisión, el extravagante insensato, a quien los pilluelos tiraban piedras, muerto, enterrado, envuelto en esa tierra del sepulcro donde todas las grandezas acaban, pasó a ser el santo de los santos, el nuevo Cristo con sus manos y sus pies y su costado abiertos por la fe, el intermediario privilegiado entre el cielo y la tierra que debe estar durante toda la historia de rodillas en alturas inaccesibles para interceder con Dios a favor de la Humanidad, el ángel del Apocalipsis, entrevisto por San Juan desde su isla de Pátmos, que ha de venir, cuando los soles se apaguen, y se pulvericen los mundos, y se enrollen los cielos como un pergamino abrasado, a recoger las almas justas y guiarlas a las serenas alturas y a la incomunicable presencia del Eterno.

VI.

Conocido el San Francisco de la historia, precisa conocer el San Francisco de la leyenda. Por poco que ésta se estudie, obsérvase desde luego un empeño preestablecido de aproximar la vida del Santo a la vida de Cristo. La leyenda os dirá que se presentó hermoso ángel á su madre en la preñez para decirle todo el precio de la criatura engendrada en sus entrañas y para mandarle que pariera en pobre establo. El guía que nos acompañaba por el intrincado laberinto de las pendientes calles de Asís, decíanos en la Chiesa Nuova levantada sobre el sitio que ocupaba la casa de San Francisco, enseñándonos una puerta: "Por aquí entró el ángel enviado de Dios y por aquí salió la santa madre a dar a luz su hijo en la cuadra y prepararle por toda cuna un pesebre." Francisco tiene doce apóstoles y entre estos apóstoles un Júdas que lo vende y se ahorca. De sus discípulos, uno fue arrebatado hasta el tercer cielo como San Pablo; otro tocado en sus labios por carbones encendidos para que cantara eternamente celestes alabanzas como Isaías; éste, trasportado a ver cara a cara a Dios y a departir con él amistosamente como Moisés; aquél, suspendido de alas tan potentes como las alas del águila de San Juan Evangelista, y el de más allá canonizado por Dios mismo en la gloria, antes de ser canonizado por el Papa en San Pedro. Leed el capítulo primero de las *Fioretti di San Francesco*.

Cierto día, el más noble y el más rico de los caballeros de Asís, viendo la piedad de Francisco y la entereza con que soportaba todas las injurias, llevóselo a su casa para examinar de cerca tanta virtud. Acostáronse ambos amigos en el mismo cuarto, y Francisco no se atrevía a rezar, temeroso de que Bernardo arguyera de farisaicas sus devociones. Pero como fingiera éste haberse dormido pronto y roncara con fuerza, el mendigo se hincó de rodillas y estuvo toda la noche invocando a Dios para que socorriera a la desfallecida humanidad. Al día siguiente Bernardo pidió a Francisco que le admitiera en su compañía y le dejara vivir su misma vida. Convino éste, pero a condición de ir juntos a misa y de consultar juntos el Evangelio. Tres veces le abrieron y tres veces toparon con las máximas que prescriben dejar todos los bienes de la vida para abrazar la cruz y no llevar al viaje de este mundo ni sandalias, ni zurrón, ni báculo, y repartirlo todo entre los pobres, sin desvelarse por el vestido o por el alimento, pudiendo estar seguros los buenos de que les sostendrá quien sostiene a las aves del aire, las cuales ni siembran ni cosechan, y de que les vestirá quien viste a los lirios del valle, los cuales ni hilan ni tejen. Y las mayores riquezas de Asís, que eran las riquezas de Bernardo, pasaron de sus manos á manos de los pobres. Y un avaro llamado Silvestre, como viera repartir tanto dinero a los franciscanos, reclamó el importe de unas piedras entregadas al Santo para erigir piadosa iglesia. Y como si los tesoros de Bernardo no hubieran de agotarse, díjole Francisco al avaro que fuera a sus cajas y tomase cuanto le pidiese el gusto. Sacó el avaro a su arbitrio las monedas que debían satisfacerlo, y se encontró menos satisfecho que nunca. Y vio en sueños a San Francisco y de sus labios saliendo inmensa cruz, cuya cima tocaba al cielo y cuyos brazos a Oriente y a Occidente. Y se convirtió y fue uno de los doce apóstoles, predicando el desprecio de todas las riquezas y el amor a Dios.

Y los ángeles vienen del cielo a conversar con los frailes humildes y amenazar a los frailes orgullosos, conduciendo a aquéllos a Santiago de Galicia a través así de las altas montañas como de los profundos ríos, y entregando a éstos a las reconvenciones del Seráfico Padre San Francisco. Y entre los frailes humildes, Bernardo fue enviado a Bolonia para que allí fundase un monasterio de la franciscana orden. Y como se presentara en medio de la plaza vestido toscamente, reíanse de él las mujeres, apedreábanle los mozalbetes, tirábanle fuertemente de la capucha los pequeñuelos y le maldecía y le injuriaba todo el mundo. Pero él, sereno, devoraba las injurias y las bendecía en su interior, porque le procuraban el dar una prueba relevante de su paciencia y el medir toda la fuerza de su resignación. Un durísimo legista que vio tanta virtud, preguntóle cómo podía vencerse a sí mismo, y Bernardo le entregó las santas ordenanzas de su convento. Sintióse el legista convertido e instaló en su propia casa la religión seráfica. Y en alabanza a Dios, fuese San Francisco al borde risueño de uno de los hermosos lagos de Italia. Tenía allí un amigo, llamó a su puerta en la madrugada del Miércoles de Ceniza, y le rogó que antes de rayar el alba le llevase a una isla del lago y le dejase cuarenta días y cuarenta noches para ayunar como Cristo, sin decirle a nadie dónde estaba y sin ir a buscarle hasta el Jueves Santo. Llevóse dos panes y en cuarenta días sólo se comió medio. Y aún este medio se lo comió por humildad, por no igualarse con Cristo, el cual en los cuarenta días con cuarenta noches que estuviera en el desierto, no probó bocado. San Francisco tuvo allí por todo asilo, durante toda la Cuaresma, una zarza, y después en memoria de su penitencia, se elevó un monasterio, y a la sombra del monasterio una ciudad.

Y como cierta tarde bajase Francisco al convento de los Ángeles desde la selva donde había ido a rezar y le siguieran las gentes en tropel para recoger su palabra, preguntóle el hermano Maesso la causa de que sin ser ni hermoso de cuerpo, ni despierto de inteligencia, ni noble de origen, todos se agolparan a escucharle, a bendecirle, a obedecerle, y el Santo le respondió que lo debía a la divina misericordia, la cual, viéndolo entre los más pecadores y los más viles y más oscuros, le había escogido para sus obras milagrosas, confundiendo con tan despreciable criatura la nobleza, la fuerza, la ciencia del mundo, y demostrando que todo viene de Dios, cuando por gracia de Dios puede así trasformarse en ángel de los cielos pobre gusanillo de los campos. Y una vez que iban Francisco y Maesso a Francia, mendigaron en ostentosa ciudad. Y Francisco, reducido ya de estatura, demacrado de rostro a causa de sus maceraciones, apenas recogió ninguna limosna, en tanto que Maesso, en la flor de los años y lleno de gracia, llevó consigo, no ya mendrugos, sino panes. Y los pusieron los dos hermanos sobre una piedra que brillaba a los ojos del Santo como próvida mesa, y a los ojos de Maesso aparecía como el extremo de la miseria. Y a fin de apartarlo de estas dudas y sostenerlo en el amor a la pobreza, desanduvo el camino andado, se volvió de la ruta de Francia a la basílica de Roma, y allí oró tanto, que Pedro y Pablo descendieron del cielo al templo y se presentaron resplandecientes de celeste luz a Francisco para mantener sus fuerzas y alentarlo en la pública profesión de la pobreza. Y no solamente vio a Pedro y Pablo, sino que vio con todos sus hermanos a Jesús mismo, pues un día que estaba rodeado de los monjes más rudos, los cuales hablaban de Dios en el lenguaje más elocuente, se les apareció el Salvador en la forma de un joven hermosísimo y todos quedaron como ciegos y cayeron como muertos, de la misma suerte que los apóstoles cuando resplandeció a sus ojos la luz divina del Tabor.

Los prodigios menudeaban en torno del Santo a medida que crecía en virtudes y se ejercitaba en austeras penitencias. En cierta ocasión que le importunaban los frailes para que recibiese a comer a Santa Clara, convidóla a partir el pan sobre la dura tierra, y cuando se acababa el banquete púsose a hablar de Dios con tan vivos trasportes, que encendió en la llama de su palabra bosques, campos, convento, hasta el punto de creerlos todos cuantos pasaban presa de voraz incendio y próximos a reducirse a cenizas; creencia de cuya falsedad se persuadieron observando que aquel fuego milagrosísimo resplandecía y no quemaba, pues era como la espesa llama de un espíritu animado en el divino amor. Otro día recibió orden de no reducirse a orar, sino de correr a la predicación y sin curarse de senda ni camino, confiando su palabra a la Providencia, como las palmas confían su polen al viento, encontró a muchedumbre de campesinos y les predicó la virtud, y como quisieran seguirlo, mandóles que se quedaran en sus viviendas, pues él tenía mensajeros en todas partes, y dirigiéndose á bandadas de pájaros, las cuales formaban misteriosos círculos sobre su cabeza, los conjuró a sembrar la palabra divina y a este conjuro se dividieron como en legiones, yéndose unas a Oriente y otras a Occidente, éstas a Septentrión y aquéllas a Mediodía a repetir en sus divinos gorjeos cuanto habían oído. Otra vez fuese a Rieti y predicó a la puerta de una iglesia en el campo. Acudieron tantas muchedumbres en torno de la iglesia que talaron una viña llena de racimos. El rector de tan sagrado lugar se arrepintió de haber consentido la predicación cuando el Santo le dijo: "¿Cuántas cargas de vino cogías de tus cepas todos los años? –Doce, le respondió. –Pues en nombre de Dios te prometo que este año, de los pocos racimos olvidados bajo los sarmientos desnudos, cogerás veinte cargas." Y vino el mes de Octubre y cortó mezquinos racimos que apenas tenían unos cuantos granos, y de tan corta vendimia resultaron las veinte cargas. Y no había ciudad por San Francisco habitada que no tuviera algún testimonio de su poder sobrenatural y de su facultad de obrar milagros. Hallábanse los habitantes de Gubio poseídos del más espantoso terror. Un lobo feroz andaba por los alrededores y arremetía así a los ganados como a las personas, encarnizadamente.

Nadie osaba venir a la población ni de la población apartarse. San Francisco prometió que él concluiría estrecho pacto entre la ciudad y el lobo, a cuyo fin se encaminó hacia el término más frecuentado por las correrías y más castigado por los dientes de la feroz alimaña. Seguíanle innumerables curiosos, pero en cuanto se acercó el peligro dejáronle solo, abandonado a su ciega confianza. Así que lo atisbó el lobo, dirigióse a él furioso, babeantes las quijadas, encendidos los ojos, erizada la piel; pero San Francisco le hizo la señal de la cruz e inmediatamente se detuvo como desconcertado y confuso. Entonces el Santo le pronunció elocuente discurso conjurándole a dejar sus crueldades; a vivir en paz con los vecinos de Gubio, para lo cual, en cambio de la deseada sumisión prometióle que satisfarían su hambre y respetarían su vida. El lobo tendió su mano al Santo en señal de asentimiento y le acompañó hasta la ciudad como un perro. Y llegados allá predicó un sermón Francisco diciendo que las gentes tenían mucho miedo a las fauces del lobo y poco a otras fauces más terribles, a las fauces del infierno. Y renovó en la plaza el pacto hecho en los campos con el lobo, el cual, en testimonio de su asentimiento, alzó la pata y la puso entre las manos del Santo. Y desde entonces el lobo vivió en Gubio como un perro hasta su muerte natural, y los habitantes le alimentaban y le agasajaban en memoria de San Francisco. Y domesticaba éste las tórtolas de las selvas y vencía los demonios del infierno y sellaba con la noción de la eterna justicia almas perdidas en las argucias de la mundana jurisprudencia y recogía en las faldas de su sayal, como en amiga madriguera, las liebres perseguidas, y curaba y limpiaba los cuerpos podridos de los leprosos y convertía los ladrones y los asesinos a manera de Cristo en lo alto de la cruz y lograba que la madre de Dios se apareciese á sus hermanos enfermos, y yéndose un día a Babilonia, como cayese prisionero, a punto de morir, dirigióse al Sultán mahometano con tan tiernas palabras y con promesas tales, que tocado en su empedernido corazón el infiel, le prometió convertirse en cuanto el Santo pasase de este mundo al otro y le enviara por medios sobrenaturales dos franciscanos que vertiesen sobre su frente tenebrosa el agua bendita y regeneradora del bautismo.

Después de todo esto, no puede ya extrañarnos el imperio ejercido por San Francisco sobre las cosas, tanto animadas como inanimadas. Metíase en las selvas a predicar a los pájaros y mandaba a su discípulo predilecto, el portugués San Antonio de Padua a que predicase a los peces. Su predicación a los hombres tenía por objeto mejorarlos, a fin de hermosear en ellos la imagen de Dios que cada cual lleva dentro de sí mismo, y la predicación a los irracionales tenía por objeto asociarlos a las alabanzas continuas que entonaba al Criador. Decíales a las aves en sus discursos cosas de una extrema delicadeza; decíales cuanta gratitud debían a Dios que en las pajillas del campo y en las lanas dejadas por los corderos sobre los abrojos les daba materia para sus nidos, y del fondo de un humilde huevo las levantaba con el calor de la vida a los cielos, vistiéndolas de brillante plumaje para que adornasen el espacio, dotándolas de canoras gargantas para que entonasen suaves cánticos, de resistentes alas para que recorriesen lo infinito, de un pecho que podía respirar en las más apartadas alturas y de una vista que podía recoger de hito en hito los solares rayos para que se confundiesen con las estrellas; favores no otorgados a los demás seres, y por los cuales se hallaban como obligadas a componer un coro eterno, a producir un *Te Deum* inacabable, a ser en la catedral del universo como las trompetas del órgano maravilloso destinado a acompañar con sus melodías y sus acordes las oraciones de todos los seres cuyos misteriosos rumores llenan la inmensa Naturaleza. Y si veía un corderillo conducido al matadero, lo rescataba y le devolvía a la vida; si una tórtola enjaulada, le abría las puertas de su jaula y la tornaba a la libertad; una liebre perseguida la recogía en las faldas de su hábito y le señalaba el camino de la madriguera. Poeta, y poeta entusiasta; abrasado en las llamas del misticismo; conociendo el estrecho parentesco de su cuerpo con el cuerpo de los demás animales, como conocía el estrecho parentesco de su alma con el alma de los ángeles, subíase a las alturas, hincábase en los peñascos, abría en cruz los brazos y conjuraba a su hermano el sol y a su hermana la luna; al viento que pasaba sobre su cabeza y al torrente que se despeñaba a sus pies; al gusanillo perdido en los abismos y al astro perdido en el éter; a todas las cosas creadas e increadas, para que entonasen a una con él, mirando al cielo y adivinando a Dios, cánticos de amor. Sí; que el amor le tenía loco, fuera de sí, en una fragua donde se abrasaban todas las fibras de su carne y hervían todas las gotas de su sangre, amor inmenso, amor eterno, de todo su ser, originario de Dios mismo y consagrado a la dolorida humanidad, semejante al que poseyó a Cristo y le obligó a dejar los cielos por la tierra, la compañía de los ángeles por las injurias de los hombres, las cimas del Empíreo por las cimas del Calvario; el trono luminoso del Eterno, por la cruz ignominiosa del esclavo. Una noche de estío hallábase en oración al borde de parlero arroyo en las maravillosas campiñas de Italia. Todo convidaba al éxtasis: la claridad de los horizontes, el resplandor de la luna, el murmullo de los bosques, la plateada cinta de las aguas, el aroma de las flores, las estrellas que resaltaban bajo la blanca gasa tendida por el astro de la noche y las luciolas errantes entre las hojas de los árboles como enjambres de celestes aerolitos. A tanta hermosura le faltaba una voz y pronto canoro ruiseñor, escondido en el ramaje, comienza a entonar sus serenatas, sus arpegios divinos, sus sartas de notas semejantes a las efusiones de misterioso espíritu encendido en ardentísimo amor. San Francisco creyó que el pájaro alababa a Dios y creyó también que no debía dejarlo solo en esta religiosa obra. Así que el ruiseñor suspendía su gorjeo, elevaba la voz el Santo, y entonaba una de sus místicas canciones con todos los primores que le permitía la garganta y todo el estro de su inagotable inspiración. Excitado el pájaro por la voz humana, volvía a cantar con mayor fuerza y con mayor belleza de voz y de escalas. En aquella soledad y en aquella noche, al borde de los arrojaos y á la luz de la luna, bajo las ramas de un verde primaveral y sobre la hierba florida, parecían pájaro y Santo dos pastores de las Églogas de Teócrito y de Virgilio, entonando por las campiñas de Arcadia o de Parthénope, en poético desafío, sendas canciones de amor. Al fin, la voz del ruiseñor venció a la voz del Santo. Con su natural candidez no se sonrojó de confesar éste que en alabar a Dios vencía el ave de los cielos al pobre poeta de la tierra. Mas la música le era indispensable a la expresión de esos sentimientos intensísimos en cuyo calor estalla y se rompe la frágil palabra humana. Cuando llegaba al extremo de la pasión, al extremo del éxtasis, al extremo de sus religiosas exaltaciones, daba de mano a la palabra, al discurso, al verso, acogiéndose a los cánticos y a las melodías como formas propias de las inspiraciones más sublimes y, sobre todo, de aquellas que provienen o de la religión o del amor. Después de su conversión, cantaba los objetos sacros con el mismo fuego y con el mismo empeño con que en sus mocedades cantara los objetos profanos. Y no solamente cantaba, se complacía en oír cantar a los demás, cosa que por todo extremo le exaltaba, pues le abría el cielo de nuevas místicas visiones. Un día, al término ya de su carrera, bajo el peso de sus penitencias y de sus maceraciones, deseó recrearse y esparcirse un poco oyendo alguna sonata. Los ángeles del cielo que por mandato de Dios miraban hasta el fondo de aquella alma purísima, penetráronse de su deseo y quisieron satisfacerlo. Dejaron, pues, la eterna luz y descendieron a nuestras tinieblas. Era de noche y San Francisco oraba en su celda. De pronto, los venidos al través de lo infinito desde las cimas etéreas a nuestro oscuro abismo, suspensos de sus alas en torno de la reja, pulsando sus laúdes, aquellos mismos que acompañan los *hosannas* de la gloria y los conciertos de los astros, difundieron unas melodías tan puras en los aires y llegaron hasta el alma extática del Santo con emociones tan profundas, que creyóse muerto de místico placer y trasportado a la eterna vida. No es mucho, por tanto, que a la hora de su muerte, en misteriosa tarde, cuando se había desvanecido el crepúsculo y acercado la noche, las hijas de la luz, las profetisas del alba, las cantoras de la mañana, las alondras, abandonaran todas en tropel sus nidos de barro y vinieran a bañarse en los resplandores espirituales de aquel tránsito sublime, en tal modo que la bellísima alma del Santo, al tomar su vuelo hacia la eternidad, no dejó ni un momento de oír los cánticos de las sencillas aves que le despedían desde la tierra, confundidos con los cánticos de los ángeles y de los serafines que saludaban su triunfal entrada en la gloria.

VII.

¿Cómo ha sido formada la leyenda de San Francisco? El sentido vulgar cree que en cuanto se habla de la leyenda de un santo, de un héroe, de un reformador, se niega implícitamente su histórica existencia. Nada más infundado. Todos los críticos reconocen unánimes cuán fácil es convertir una relación histórica en una relación legendaria, o aumentar las proporciones de los hechos ciertos con los espejismos de la exaltada fantasía. Sobre datos históricos indudables pueden levantarse con suma facilidad leyendas inverosímiles. Que San Francisco vivió en Asís, predicó, evangelizó, fundó su orden, influyó poderosamente en su tiempo y entregó el alma a los cuarenta años en rígida penitencia, cosa es evidente, por todos admitida, de nadie negada. Pero que en torno de esta figura histórica se extiende como una luz fantástica, tampoco admite duda alguna. Así que muere, la trasfiguración del Santo se verifica hasta el punto de que aquellos mismos empeñados en no verle sino a través de las ligerezas de su juventud y de las exaltaciones de su edad madura, le creen preservado del más irredimible y más fatal de todos nuestros forzosos tributos a la naturaleza; del tributo de la muerte. Los superiores de su orden inflaman de tal modo con el relato de sus milagros la imaginación popular, que en tres años se alza en Asís su inmenso monasterio, como si hubieran descendido a fabricarlo por sobrenatural llamamiento los ángeles del cielo. Y sucede esto, porque en los palacios y en las cabañas, entre ricos y pobres, se conocen los hechos de Francisco piadosamente aumentados por la fe y admitidos por la índole propia de aquellos tiempos. La devoción se extiende en tales términos, que cincuenta años después de su muerte los artistas corren todos en tropel a revestir de los cuadros nacientes en la fantasía regenerada, la tumba de un mendigo. Ya en el mismo siglo decimotercio, la epopeya de Francisco de Asís está escrita en hexámetros de latín eclesiástico. Y antes de que el siglo decimocuarto se desarrolle, la traducen los fieles al habla de los trovadores y la ponen junto a los libros de caballería. Su historia crece en maravillas a medida que a mayor distancia del Santo se relata por fidelísimos devotos. La relación de Celano, en prosa y en latín, cuatro años después de la muerte de Francisco, es la más sencilla. La relación de los tres socios, o de los tres discípulos, *Vita à tribus sociis*, escrita más tarde para corregir y completar la obra de Celano, admite en mucho mayor grado lo sobrenatural y lo maravilloso. La distancia en el tiempo suele ser al revés de la distancia en el espacio, aumenta los objetos.

Luego, un filósofo escribe la vida de San Francisco de Asís y la escribe para demostrar una tesis fundamental de su filosofía. Este filósofo es San Buenaventura. Su sistema se deriva de Platón, y por lo mismo se relaciona más estrechamente con el arte y con la poesía que ningún otro sistema de aquel tiempo. Para conocer los hechos y las ideas, lo existente y lo posible, la naturaleza y el espíritu, la ciencia y el Criador, no tenemos bastante con las luces naturales y con el puro raciocinio; necesitamos la intuición sobrenatural, cuya mirada se aguza más que en las argumentaciones dialécticas, en la caridad y en el amor. El mundo ideal o de los arquetipos eternos, el mundo exterior o de las realidades imperfectas, el mundo de las ideas increadas y el mundo de los seres creados, propio aquél de los ángeles y éste de las bestias, exigen, si no han de estar separados, si han de ser comprendidos el uno por el otro, puesto que al cabo forman los dos volúmenes de un mismo libro, las dos páginas de una misma hoja, sólo que una página mira hacia lo divino, hacia arriba y otra hacia lo material, hacia abajo; exigen estos dos mundos, decía, si han de ser comprendidos, una entidad mediadora, un ente intermedio, con algo de los ángeles y algo de las bestias: el hombre, el cual no conoce las esencias, sino sus manifestaciones externas, no conoce las sustancias, sino los fenómenos y no puede elevarse hasta lo permanente, hasta lo absoluto, hasta lo eterno, hasta las leyes que son obra del Verbo y hasta el Verbo mismo que es esencia de Dios, ni por la percepción, que sólo ve lo externo; ni por el sentimiento, que sólo adivina la belleza en las proporciones; ni por el juicio, que sólo conoce la relación de los fenómenos; sino por algo más grande, por un arranque soberano de la voluntad, por un impulso ciego del sentimiento, por la mística plegaria del creyente, exaltado, trasfigurado, fuera de sí, en arrobamiento, en éxtasis, viendo las ideas y los arquetipos en Dios y los mundos como sombras de esas ideas y de esos arquetipos en los espacios. Y no podía presentarse ideal más perfecto de los trasportes del corazón, de sus arrebatos y deliquios, de los impulsos a lo sobrenatural que este pobre, este mendigo, este cenobita, muerto para sí y sólo viviente para la humanidad; elevado desde las cenizas y el cilicio a la intuición de Dios; antes un gusanillo de la tierra y luego un iris que luce sobre el diluvio de nuestras lágrimas; un Elías atravesando los espacios en el ígneo carro de abrasador misticismo; el ángel que San Juan viera en el Apocalipsis, apareciendo por el Oriente y llevando el sello de Dios en las manos; ser de inmensa grandeza, ser casi divino, que ha llegado a esta sublime trasfiguración por la virtud de religiosa exaltación y por los milagros de religioso amor.

En la orden de San Francisco se profesaba como una especie de superior adoración a Dios, la poesía. El Santo mismo ha compuesto versos que pasaron de boca en boca sin fijarse, sin escribirse hasta muy tarde. Ozanam confiesa en su bellísimo libro sobre los poetas franciscanos en el siglo decimotercio, que la oda o himno al sol es citado por la vez primera por Bartolomé de Pisa a fines del siglo decimocuarto y que el poema al amor divino sólo aparece en San Bernardino de Siena, el cual escribe cien años después de la muerte de San Francisco. El crítico Crescimbeni publicó el himno al sol como muestra de antigua versificación italiana, y otro crítico le reprochó lo mucho añadido y lo mucho quitado so color de corrección, diciendo que por este método podía convertirse un discurso de Demóstenes en una oda de Anacreonte. Por aquel tiempo, Italia celebraba grandiosos espectáculos. Ya eran torneos y justas; ya procesiones en que se veían millares de personas vestidas con túnicas blancas y coronadas con flores varias; ya jubileos donde trescientos mil peregrinos se congregaban en torno de un sepulcro; ya autos sacramentales en los claustros de las iglesias que representaban misterios de la religión; ya capítulos como el que tuvo la orden tercera de San Francisco, compuesto de cinco mil hermanos congregados en el campo, al aire libre; fiestas muy gustadas del pueblo, que las amenizaba con el esparcimiento propio del carácter italiano, con las populares improvisaciones poéticas. Y aquí, en estas congregaciones, brotaba la poesía popular, la poesía vertida en el habla de los pueblos, cada vez más alejados del latín eclesiástico. Y la orden franciscana, orden esencialmente democrática, orden de puro carácter evangélico, orden popular, debía, para ganarse las muchedumbres, hacer dos cosas igualmente gratas al pueblo: trovar, y trovar en la lengua del vulgo. Así, poco a poco se iba creando la democracia, se iba desprendiendo el arte y la ciencia del idioma de las aristocracias teocráticas para usar el idioma de todo el mundo. Y era natural, naturalísimo, que los franciscanos trovasen la poética vida de su seráfico fundador y que la trovasen para el pueblo. Fray Pacífico, que acompañaba a Francisco, a la manera del evangelista San Juan a Jesucristo, compuso versos místicos en alabanza al inmortal fundador. Y su asunto no podía ser más legendario. Alzó una noche los ojos al cielo y vio la gloria, los santos, los mártires, las vírgenes, los ángeles, los arcángeles, los serafines, los querubines, todas las jerarquías de los seres celestes. Y en aquellos luminosos círculos sin fin, en aquellas espléndidas esferas, por las altas cimas del Empíreo, vio un sitio vacante; el sitio de un ángel destronado como Luzbel, y caído desde la eterna luz en las eternas tinieblas. Y aquel sitio angélico estaba reservado en el pensamiento de Dios al bienaventurado

Padre San Francisco. El pueblo, que toma por realidad la poesía, lo alcanzaba también a descubrir allí y le consagraba su apasionado culto y sus fervientes oraciones.

Así, poco a poco la leyenda se fue formando y se fue sustituyendo a la historia. Un siglo más maduro que el siglo decimotercio necesitaba reunir las tradiciones franciscanas en su conjunto y darles la apariencia de relatos históricos. El siglo decimocuarto es el siglo en que la prosa italiana se fija definitivamente. Y el siglo decimocuarto es el siglo en que se escribe *I Fioretti di San Francesco* en prosa. No intentéis averiguar el autor de esa leyenda. Las obras que representan el ideal de un siglo tan admirablemente como esa obra mística, no tienen autores personales; nacen como las catedrales que se levantan por todo un pueblo entusiasmado, el cual eleva las piedras a los cielos, obedeciendo el llamamiento y la orden de un arquitecto invisible. No las leáis tampoco en ninguna traducción moderna. Nuestras lenguas son demasiado sabias para verter todo el candor de la primitiva fe. La misma traducción de Ozanam, con ser obra de este literato puramente católico, de ideas ortodoxas, de creencias purísimas, cuya fe no se desmintió un momento, está muy lejos de verter en su correcto francés académico toda la inocencia de ese libro. Para comprenderlo mejor, sería necesario admirarlo en el pergamino de los primitivos códices, donde aun se conservará el calor de la ardiente mano que trazara aquellas páginas y el borrón de alguna lágrima ferviente. No pudiendo procurarse esto, convendría leer las *Florecillas franciscanas* en esos libros de feria impresos en tosco papel y con primitivas láminas, donde sobre la rudeza de la forma resplandece el alma de un pueblo. Seguramente hay que devorarlo en el italiano de la Edad Media. Su carácter iguala al candor de una pintura de Cimabue, al dibujo de una viñeta de breviario, al eco de una salmodia gregoriana, al *Stabat Mater* en su no aprendida sencillez que llega a lo sublime.

Las leyendas no han quitado su grandeza a ninguno de los seres sobre los cuales han tendido sus redes de oro y perlas. Guillermo Tell vive todavía. Cuando atravesáis el lago de los Cuatro Cantones, cuando veis resplandecer en la cima de los Alpes la nieve eterna y en el fondo de los valles el lago celeste, la sombra que corre por todos aquellos encantados espacios es la sombra del gran cazador que dio muerte a un tirano y vida a un pueblo. La historia ha querido, por una de sus extrañas coincidencias, que la personalidad histórica de Zuinglio, el creador de la conciencia religiosa de Suiza, tenga el lugar de su muerte cerca de la capilla de Guillermo Tell, el creador legendario de la conciencia política de Suiza. Desde lo alto del Righi, podéis ver la iglesia de Zuinglio desierta de peregrinos. Y en el lago de los Cuatro Cantones veréis todos los días barcas que se dirigen a llevar peregrinos al sitio donde la tradición ha convenido en poner la leyenda del arquero inmortal, fundador de la secular República de Helvecia. Y en aquel espléndido paisaje los versos de Schiller, las notas de Rossini, las narraciones de la leyenda no hacen más que aumentar la realidad del héroe, tan duradero como la misma naturaleza. Pero la crítica os dirá que una parte considerable de la población suiza proviene de las costas del Báltico, de los pueblos boreales, y que en esas costas, entre esos pueblos se ha encontrado tradición semejante a la tradición de Guillermo Tell, el cazador obligado a traspasar con aguda flecha la manzana puesta sobre la cabeza de su hijo por la alevosía de un tirano, para el cual guarda su víctima la otra flecha.

Nosotros no podemos extrañarnos de nada, porque hay en la historia nacional un personaje parecido, símbolo de la independencia naciente, origen de la literatura patria, personificación del genio hispano; nuestro Cid Campeador. La crítica histórica del pasado siglo llegó a negar su existencia. Eruditísimo sabio consagró un libro entero á demostrar que el héroe aparecía en nuestros anales como una especie de fantástica figura formada por los rayos de la exaltada fantasía popular y semejante a las mentidas islas que la refracción de la luz dibuja en los purpurinos cielos del África. La especie pasó de los libros nacionales a los libros extranjeros, y uno de nuestros más grandes oradores tradujo la historia del célebre autor inglés que negaba rotundamente la historia del Cid. Dábase tal viso de verdad a la ligera crítica, que Rodrigo de Vivar se desvanecía como héroe engañoso de falso cronicón. Inútilmente los devotos de las glorias nacionales se hundían en los archivos, registraban los pergaminos y veían el nombre del Cid en los últimos versos latinos que precedieron a los primeros balbuceos de la lengua castellana. "Ya lo veis, decían los críticos, héroe de versos, de poemas, de romances, un Amadis de Gaula. No tenéis más remedio que renunciar á él como habéis renunciado a Bernardo del Carpio." Los eruditos continuaban su trabajo titánico y descubrían huellas del nombre de Rodrigo en los documentos del siglo undécimo. Y los críticos decían que del nombre no dudaban; pero dudaban de la verdad de los hechos atribuidos a ese nombre. Y el Cid se enlaza a toda nuestra historia: al origen de las Cortes, por la Jura en Santa Gadea; al engrandecimiento de Castilla, por sus estrechas relaciones con D. Fernando I; al combate de los nobles con los reyes, por sus altivas relaciones con D. Alfonso VI; a las clases populares, por sus venganzas en los Condes de Carrión y sus protestas contra las innovaciones religiosas; a la toma de Toledo, en cuyos muros se dibuja aún la sombra del héroe; a la conquista de Valencia, que lleva su glorioso nombre; al rescate de todo nuestro suelo, pues en sus correrías por la España árabe quebrantó los brillantísimos reinos nacidos entre las ruinas del Califato de Córdoba; al comienzo de la lengua, porque sus leyendas, sus poemas, los cantares consagrados a sus hazañas, son los primeros vagidos del habla nacional; y, por último, a nuestra literatura entera, donde el Cid anima al Romancero y el Romancero anima al teatro para producir aquellos milagros de genio, cuyo imperio se dilatará todavía más que el imperio inmenso de nuestras conquistas y de nuestros descubrimientos por toda la redondez de la tierra. Inmensa pérdida la de un héroe así en nuestros anales, pérdida irreparable que arrancaba a un tiempo la raíz de nuestra literatura, de nuestra nacionalidad y de nuestra historia. Pero la crítica no tiene entrañas. Y se restauró la erudición árabe y se comenzó el estudio de la Historia de España en las relaciones de nuestros enemigos, y se vio que el Cid existía con sus principales hazañas, y dejaba en el suelo mahometano y en los mahometanos anales, un reguero de luto y de terror tan grande como el reguero de luz y de gloria que dejara en nuestros anales y en nuestro patrio suelo. Y la verdad histórica no fue obstáculo para que cada clase creara un Cid a su imagen y semejanza; los nobles, el Cid altivo con los reyes y pendenciero en el palacio; los reyes, el Cid leal y monárquico que resplandece en las obras de Alfonso X; los pueblos, el Cid que no transige con el regicidio consumado al pié de Zamora, y que castiga a los Condes feudales orgullosos de su prosapia, y que amenaza a la Roma pontificia por las maniobras contra la liturgia mozárabe y contra la Iglesia nacional; hasta los monjes, el Cid, sentado ante el altar mayor de San Pedro de Cardeña, después de muerto, y que resucita y saca la espada cuando un judío quiere mesarle las barbas; de suerte que cada clase, cada aspiración pone sus ideas, sus intereses, sus recuerdos en el grandioso ideal de todo nuestro pueblo, y el Cid de la leyenda resulta tan verdadero y tan vivo como el Cid de la Historia, y pasa del cronicón al poema latino, del poema latino a la leyenda de sus mocedades, de la leyenda de sus mocedades al poema de su nombre, del poema de su nombre al Romancero, del Romancero al teatro, siempre creciendo a medida que crece y se agranda el genio nacional.

Así, no podéis extrañar ya el nacimiento y el desarrollo de las leyendas religiosas, la parte que tiene en ellas el hecho histórico y la parte que tiene la poesía. Evocad las crisis entre mundos que nacen y mundos que espiran; trasladaos a tiempos de paz universal propicia a la actividad del pensamiento después de universales guerras, o a tiempos de guerras, que exigen fuerzas sobrehumanas y son gérmenes de trasformaciones profundas; recorred aquellos desiertos poblados de ideas y poblados de penitentes, aquellas ciudades donde se espera siempre una revelación que apague la sed del espíritu y un salvador que rompa las cadenas con que estamos atados al límite; evocad todo el prestigio de sitios como las Pirámides, como la Meca, como Jerusalén, como Alejandría, en que se han condensado los misterios y han relampagueado las ideas; ved la aptitud de esas razas orientales educadas en lugares tan brillantes que las arenas resplandecen como si fueran luminosas y los profetas surgen como seres naturales de tan privilegiadas regiones; añadid la índole de esos pueblos para la creencia, la sed del martirio que en ellos se despierta, su vocación al doble apostolado de la palabra y de la espada; reconoced la tendencia de las ideas científicas a penetrar de un lado en los abismos más insondables de los principios metafísicos, y por otro lado a encarnarse en las verdades más prácticas de la moral; notad luego cómo los ideales que ciertas gentes ven por superior inteligencia en sí, no pueden verse de todos si no se encarnan en seres aparte de virtudes o méritos sobresalientes, y explicaréis con sencillez el origen de tantas y tantas leyendas como consuelan a los pueblos y a los hombres en las tristes asperezas de la realidad, y los congregan en torno de un templo o de un sepulcro y les dan la idea de lo infinito para expresar lo supremamente bello en el arte y penetrar por su esperanza desde las tristes condiciones de nuestra vida, en la inmortalidad.

VIII.

Extraordinarias y maravillosas circunstancias concurrían, por rara coincidencia, en el sitio, en el tiempo, en la nación donde brotó la orden franciscana. Escoged el autor que os parezca menos hiperbólico y más sencillo; el que dé menos parte en la historia a lo sobrenatural y mayor a los hechos; un positivista, un realista en el sentido artístico de la palabra, un analizador, el cual, en vez de resucitar esta época la diseque, Maquiavelo, por ejemplo, y veréis lo crítico del tiempo realzado por la divina misión de San Francisco. El Pontificado se levanta espléndido después de haber conseguido la inmolación de la prematura ciencia de Abelardo y de la prematura rebeldía de Arnaldo, reduciendo el Imperio a ser lo que deseaba Gregorio VII enfrente de la Iglesia como la luna enfrente del sol. El Imperio griego, que se ha preservado de los bárbaros y que ha desarrollado la metafísica antigua aplicándola al dogma, acepta la invasión latina como si resucitara la unidad descompuesta por Diocleciano; anegada en diluvios de sangre. Las cruzadas se detienen a pesar del rápido triunfo de Federico de Suabia, sin poder pasar el límite del desierto, cuando en los tiempos anteriores parecían impulsadas por el espíritu de Dios, y comienza a ceder el feudalismo a la creciente marea de la democracia, que llegará desde el fondo de los municipios a las cúspides de los castillos.

Y luego, cuando el Santo ha muerto y la leyenda del Santo nace, los tiempos cambian profundamente, como si la segunda mitad del siglo decimotercio fuera contraria a la primera mitad. Apenas ha subido el Pontificado a su cenit con Inocencio III, cuando, muerto éste, declina hacia su ocaso. Los güelfos y los gibelinos combaten como nunca, exarcebándose en crueldad y encarnizamiento. El gran combatiente Erzelino, hombre feroz e implacable, que representaba con justos títulos en las guerras continuas y sangrientas a los gibelinos, degüella doce mil ciudadanos de Pádua. El Papa Urbano VI llama contra sus enemigos al feroz Carlos de Anjou, que desembarca en Ostia con gran golpe de gentes llevadas en treinta galeras e inaugura una piratería continua por las costas del Mediterráneo italiano. La sangre real de Conradino, descendiente de los Emperadores de Alemania e inmolado en afrentoso cadalso por Carlos de Anjou, salpica la corona del Rey de Nápoles y la tiara del Pontífice de Roma, como su guante de desafío lanzado bajo el hacha del verdugo es recogido por la mano de los aragoneses, que llevaron nuevos elementos de dominación pero también de combate, a la desgarrada Italia. Los franceses que sostenían a los angevinos, son degollados todos a la señal de un astrólogo en Fiorli y al toque de vísperas en Palermo.

El Pontificado recibe por este tiempo cada día una herida que le produce irremediable decadencia política. El penúltimo papa del siglo decimotercio, Celestino V, revelaría esta decadencia si no la revelasen otros muchos hechos y personajes históricos. Dos años y tres meses yació por tierra el trono pontificio sin Pontífice que lo ocupase, a causa de las turbulentas rivalidades del Sacro Colegio dividido en tres bandos irreconciliables. Por fin, uno de los cardenales propone elegir pobre anacoreta, ajeno a las mundanas ambiciones, desconocido del mundo y menospreciador de sus vanidades, dado desde los más tiernos años al ayuno y a la penitencia en las selvas y en las montañas de la tierra de Apulia, nacido al pié de los castillos feudales en los campos parthenópeos de una sierva familia de jornaleros, educado como los lobeznos y como los aguiluchos en las cavernas; reducido a la soledad desde los primeros años, y por lo mismo apto para sobreponerse al torbellino de las humanas pasiones y regir la Iglesia por amor a Cristo que no dejaría de prosperar su sublime pontificado, en cuyos días habrían de renovarse los tiempos heroicos del cristianismo y reinar las máximas sagradas del Evangelio. A estas consideraciones, el Sacro Colegio le elige por voto unánime. Cuando la diputación de cardenales, atravesando montañas que parecían inaccesibles, selvas que parecían inexplorables, llanuras que parecían desiertas, lo encuentra al borde de los torrentes, en la desnudez más completa, confundido casi con los seres irracionales y materiales, semejante al San Jerónimo que ha consagrado la tradición religiosa en los cuadros de los pintores ascéticos, el anacoreta espantado no alcanza a entender de qué le hablan y rehúsa el irse con los embajadores, prefiriendo a todas las pompas y a todas las dominaciones del mundo, su austera soledad. Dos reyes, uno de Nápoles y otro de Hungría, van a los desfiladeros, donde se mantiene de hierbas y se viste de hiedra, como un sacerdote contemplativo de la India, para echarse de rodillas a sus plantas y rogarle que salve a la Iglesia, bañándole los pies con torrentes de lágrimas y perturbándole la cabeza con suspiros y súplicas hasta obligarle a ceder y conducirlo a Aquila en la patriarcal montura en que Cristo llegó triunfante a Jerusalén, llevada por manos reales del ramal y seguida de obispos, arzobispos, caballeros, todos vestidos de púrpura y brocado, como para realzar la humildad del pobre penitente hecho jefe espiritual del catolicismo y representante de Dios sobre la tierra por súbita intervención de la Providencia. En Agosto de 1294 fue coronado y en Diciembre del mismo año tenía hecha ya pública dejación de su tiara. No había remedio: en las ciudades se ahogaba su pecho acostumbrado al aire libre de las selvas; en las intrigas de los palacios se perdía su inteligencia consagrada a la contemplación pura de la verdad religiosa y al éxtasis más completo: la mesa del festín repugnaba a quien comía el duro pan de los siervos y bebía en el hueco de las manos el agua pura de los torrentes; la corona de oro y pedrería abrumaba aquella cabeza, acostumbrada como los lirios del valle a una corona de rocío; en las alturas del poder sufría vértigos su mirada, propia sólo para contemplar como las águilas frente a frente el sol en las sublimes alturas de las montañas, y la presencia de los hombres aterraba al que se creía por sus oraciones y por sus ayunos, sólo con sus pensamientos místicos y sus prácticas piadosas, en presencia siempre de Dios. A mayor abundamiento, refieren los historiadores que el ambicioso cardenal Gaetani, aspirando a ser su sucesor, le ponía emboscadas a cada paso, le llenaba de escrúpulos la conciencia, le fingía voces de condenados y trompetas de los ángeles del Apocalipsis en las largas noches de invierno, para reducirlo a deponer su corona y a tornar a su desierto. Y en efecto, abdica la tiara y corre a la Apulia en demanda del anhelado reposo. Pero Gaetani, que alcanza su codiciada sucesión bajo el nombre de Bonifacio VIII, manda emisarios que le liberten de un competidor peligroso. Avisado con tiempo el pobre Celestino V, corre a las playas, toma una barca de pescador y rema para ganar las costas de

Dalmacia y perderse en más apartados desiertos. Pero los vientos y las olas le arrojan nuevamente a las costas de Italia, donde su perseguidor le apresa y le encierra dentro de una torre, tumba anticipada que presencia una agonía de diez meses y recoge el cadáver de aquel penitente exaltado desde las cavernas al trono y caído desde el trono en los calabozos, imagen fiel de las deshechas borrascas de sus rudos tiempos.

La orden de San Francisco debía, por su origen y por su carácter democrático, oponerse a estos desórdenes del pontificado y contribuir por tanto a la decadencia de la institución que podríamos llamar fundamento único de la moral religiosa en la Edad Media. El más ilustre de los franciscanos, después del fundador, fue Jacopone de Todi. Educado en Bolonia, perito en el derecho, rico y poderoso, casado con idolatrada y hermosísima mujer, nada le faltaba de todo cuanto llama felicidad el mundo. Un día del siglo decimotercio, á los cuarenta años de la muerte de San Francisco, celebrándose alegres fiestas y espectáculos en Todi, se hunde un tablado y mueren tristemente en la catástrofe numerosas personas. Entre los muertos se encuentra la idolatrada esposa de Jacopone, el cual sólo tiene tiempo para recoger entre sus brazos el cuerpo desgarrado y aspirar en los labios el suspiro último de su idolatrada compañera. Desde aquel día arroja su toga y toma el sayal; abandona el mundo y abraza la penitencia; cierra los libros de Cicerón y abre los libros de piedad; renuncia a los discursos elocuentes y entona los versos místicos; deja la compañía de los jurisconsultos y sigue la compañía de los franciscanos; huye los aplausos y busca los sarcasmos de las gentes; reparte sus bienes y se resigna a la pobreza; renuncia a las locuras insensatas del mundo y sigue la divina locura de la Cruz. Para conocer hasta donde llega su inspiración, basta decir que es autor del *Stabat Mater*, esa sublime elegía cuyos acentos no podemos oír el Viernes Santo entre los altares desnudos, el santuario solitario, el templo oscuro y la Cruz recién descubierta, sin que nuestro corazón se inunde de tristeza y participe de todos los dolores de la Virgen Madre durante la pasión. Jacopone es contemporáneo de Celestino V. Naturalmente, el asceta debía desde el claustro exaltar al asceta que se eleva al trono. A mayor abundamiento, en los cinco meses que duró el reinado de Celestino, el principal empeño de éste debía ser reformar, en sentido cada día más austero, las órdenes monásticas, y en este empeño debía sostenerle el austerísimo poeta. Luego, Celestino abdica y Bonifacio VIII le sucede. Jacopone debía seguir al penitente en su desgracia y condenar la ambición coronada con la humilde corona de Cristo. Así, firma la protesta de aquellos que niegan la validez de la elección de Bonifacio. Y a la protesta añade sátiras en las cuales dice que el nuevo Papa vive en los delirios y ambiciones de este mundo como la salamandra en el fuego. Bonifacio VIII no podía sufrir estas injurias y con gran ejército se dirige a Palestrina, donde estaban los cardenales protestantes y su exaltado poeta. Largo sitio sufre la ciudad, pero al cabo se entrega, y el Papa busca al cantor y lo encierra en húmedo calabozo. Los escritores Wisseman, Döllinger, defienden al Papa y no pueden negar, sin embargo, la autenticidad de todos estos hechos. Jacopone es arrojado entre tinieblas eternas. Enormes cadenas le abruman; el agua podrida de una letrina apaga su sed, y contra tantos dolores sólo encuentra alivio en su desprecio de las dichas del mundo y en su exaltación por el dolor. Estando en la cárcel se convocó el gran jubileo de 1300 que vino a torturar su alma aun más que su cuerpo, pues oía al través de las paredes de su cárcel los cánticos sagrados y el paso de los peregrinos encaminándose a Roma, sin poder participar de sus místicas alegrías. En vano demandaba misericordia al representante de un Dios todo misericordioso. Una vez que Bonifacio pasaba por la calle de su calabozo, según cuentan autores de todo crédito, se asomó a los barrotes de su reja y le dijo: "¿Cuándo saldrás, Jacopone?-Cuando tú entres, Bonifacio", le respondió el franciscano. Y en efecto, a los pocos días, los Colonnas se dirigen a Agnani y entran en el palacio del Papa. Éste, no teniendo ninguna defensa material, se fía por completo a su autoridad religiosa, se ciñe sus vestiduras sacerdotales, se cubre con su áurea tiara, empuña su báculo y se sienta en el trono, sobre cuya cima agita las blancas alas el Espíritu-Santo. Los invasores entran, lo desacatan, lo abofetean y lo arrojan en una prisión. Por fin, los habitantes de la ciudad le libertan y se va a Roma. Pero sale de manos de los Colonnas para caer en manos de los Orsinis. Y allí muere a los treinta y siete días de haber recibido el bofetón que sella la decadencia del Pontificado y muere en un acceso de febril locura engendrada por el sentimiento de sus humillaciones, por haber querido ser un Papa más grande, más fuerte y más imperioso de lo que consentía el espíritu de su tiempo. Jacopone, libertado de su prisión por el sucesor de Bonifacio VIII, tiene hoy un nombre glorioso entre los poetas y un nombre bienaventurado entre los santos. Su espíritu democrático contribuyó, como todo el espíritu de su orden, al quebrantamiento y a la decadencia de la autoridad teocrática en la Edad Media.

Lo cierto es que la orden de San Francisco, a sabiendas o no, contribuye a descomponer los dos elementos capitales de aquellos tiempos: el feudalismo y la teocracia. No medimos al pronto la trascendencia de una idea, porque no conocemos toda su naturaleza, y una idea contiene siempre otra larga serie de ideas. Tal afirmación, que parece puramente artística, puramente filosófica, resulta luego una afirmación política y social. Por ejemplo, el romanticismo literario era una revolución, tanto en España como en Francia, porque se levantaba contra las reglas de una poética tradicional y cortesana. Tened por cierto que los franciscanos ignoraban el destino social de su aparición necesaria en el mundo; pero lo cumplían ignorándolo. Por eso el alma de la nueva sociedad, que estalla en el siglo decimosexto, contará siempre entre sus Bautistas al Padre Seráfico y entre los precedentes de su aparición a la seráfica orden, puesto que representa un término dialéctico en el desarrollo de su idea progresiva y un necesario predecesor en la genealogía larguísima de sus progenitores.

El cristianismo se había convertido en una doctrina de autoridad, indispensablemente para cumplir estos dos ministerios capitales en la transición dolorosa del antiguo mundo al mundo moderno; para sustituir con algún principio de unidad moral la soberanía política perdida por Roma y para educar y domar con una verdadera disciplina religiosa la inteligencia inculta y la voluntad indómita de los bárbaros. Esta doctrina, que desde el siglo primero al siglo cuarto fuera una doctrina del pueblo, desde el siglo cuarto al siglo decimotercio se convierte en una doctrina del Imperio. Por tal razón, a no dudarlo, cuantos tratan de fundar la autoridad, o sobre las ruinas de la antigua Roma o sobre la cerviz de las nuevas tribus en la larga descomposición de las sociedades paganas y en la no menos larga recomposición de las sociedades modernas, se acogen al catolicismo. Constantino lo saca de las sombras de las catacumbas al aire de la libertad; Teodosio lo declara religión oficial violentando la conciencia pagana del senado romano; Carlo-Magno funda sobre sus dogmas un pacto político, y cree que sería imposible sujetar la barbarie de su tiempo sin pedirle inspiración y fuerza, para lo cual se arroja a los pies del Pontífice y besa, de rodillas sobre el suelo durísimo, cada una de las gradas que se extienden al pie del templo vaticano. Los Papas mismos contribuyen a este fin, porque desde Gregorio Magno a Gregorio VII y desde Gregorio VII a Inocencio III no hacen más que fulminar sus rayos contra todas las rebeldías del individualismo religioso o político y rehacer, por medio de su autoridad dogmática, la autoridad social en sus tempestuosos tiempos.

El primero en reanudar la tradición puramente evangélica, es San Francisco de Asís. Diríase al verlo que ha salido de las catacumbas, que ha orado en sus tinieblas eternas, que ha visto flamear como una amenaza sobre su cabeza los cetros y las espadas de los poderosos y arder a sus pies como un infierno las hogueras de los mártires. Para sus penitencias, busca, como los primitivos apóstoles, el desierto; para sus cánticos y oraciones, el acompañamiento de las aves del cielo y el incienso de las flores del campo; para el apostolado de su doctrina, el pobre y el mendigo, porque su objeto es llorar con los que lloran, padecer con los que padecen, morir por los desvalidos y por los opresos. El espíritu democrático del Evangelio renace en él con toda su prístina pureza. Y se oye en coro sublime, sobre un mundo de autoridad, de fuerza, de guerra, donde la espada es el primer derecho y la victoria es la primer razón, sonar el eterno tema de la oración en la montaña: bienaventurados los humildes, los débiles, los pobres, los desgraciados, los ignorantes, los atribulados, porque de ellos será el reino de los cielos. Y San Francisco resucitaba la verdadera doctrina cristiana, puesto que toda la enseñanza evangélica es una enseñanza democrática. La han preparado los profetas, y los profetas no son más que los tribunos religiosos consagrados a combatir la idolatría de los reyes. Jamás ha dicho Milton contra Carlos I, ni Mirabeau contra Luis XVI, ni Tácito contra Tiberio lo que ha dicho Samuel contra Saúl en sus esfuerzos para impedir la trasformación monárquica de Judá. El Bautista vive preparando las vías del Salvador, y muere al capricho de una corte, al antojo de una cortesana, al mandato de un poderoso de la tierra, enemigo natural de las revelaciones del cielo. El día que la Virgen siente palpitar el divino Hijo en sus entrañas se exalta de alegría, y alaba a Dios en términos que parecen arrancados a una arenga tribunicia: *potentes deposuit de sede et exaltavit humiles; exurientes implevit bonis, et divites missit inanes*. El pueblo de Cristo es un pueblo de esclavos; su familia, una familia destronada; su padre, un carpintero; su cuna, un establo; sus primeros devotos, los pastores; sus primeros enemigos, los escribas y los fariseos que componían la aristocracia de Jerusalén; sus primeros apóstoles, los pobres pescadores; su primer perseguidor, un Heródes; su mayor enemigo, un Caifás; su juez, un Pilátos; su templo, el desierto lleno de ideas y no la sinagoga teocrática llena de tinieblas; sus bienaventuranzas, la promesa de consuelo a los afligidos y de libertad a los opresos; su doctrina religiosa venida de un solo Dios y consagrada a todos los hombres, doctrina de igualdad; su vida, un combate con la superstición y el privilegio; su muerte, un divino holocausto por la salud de todos los desheredados, y una eterna acusación a la soberbia de todos los tiranos.

Esa tendencia democrática de la doctrina cristiana resucitaba el Santo, en una sociedad tan fundada en la guerra y en la fuerza de la autoridad como la misma sociedad romana. A la cabeza del mundo había un papa con tres coronas y con extenso patrimonio temporal, donación de Pipino, agrandada por la piadosa condesa Matilde y que era el signo de la autoridad moral del pontificado. A la cabeza del mundo había un emperador cuyo poder estaba siempre en litigio y cuyo litigio era una guerra perpetua. La soberanía estaba en la propiedad y la propiedad se extendía, a pesar de tres siglos de cristianismo, sobre las personas. Los valerosos, que habían sometido una compañía a sus mandatos y luchado con ella contra otros enemigos en armas, tomaban sus conquistas por una propiedad, y sobre la propiedad constituían todas las jurisdicciones, desde la jurisdicción del rey hasta la jurisdicción del juez y desde la jurisdicción del juez hasta la jurisdicción del verdugo. Los reyes no eran más que los jefes, los primeros, los más fuertes de aquella sociedad de conquistadores y terratenientes, siempre armados para defender su propiedad o conquistar la propiedad ajena. Los obispos, los abades, los monjes eran señores feudales y ejercían todas las jurisdicciones anexas al privilegio señorial. Las ciudades mismas donde comenzaba a brotar la raíz de la democracia se constituían como una personalidad jurídica con ejercicio de derechos señoriales y luchaban rudamente con las otras ciudades en aquella guerra universal por la propiedad. Y en mundo constituido de tal suerte, la voz de un religioso se levanta por los campos, por las calles, por las encrucijadas, predicando que está la perfección cristiana en la humildad, en la pobreza, en la miseria; entre los siervos, entre los desheredados, entre los mendigos. Naturalmente, las castas se rompían, la igualdad avanzaba, los maldecidos por los malos usos, los esclavizados por las bárbaras leyes, entraban en el claustro y se colocaban a la cabeza de todas las clases ungidos por la religión, y de esta suerte se fundaba con las mismas órdenes monásticas más desavenidas del mundo, más ajenas a la vida real, más consagradas a sus ayunos y a sus oraciones, por vías misteriosas y providen-

112

ciales, una sólida, una profunda, una invariable democracia que debía fundar una nueva sociedad.

Así es que la orden franciscana engendra inmediatamente una secta, la cual rompe toda la doctrina ortodoxa y despierta la tendencia vivísima a creer en segura renovación dogmática después de la renovación moral para el establecimiento de progresiva Iglesia donde sean perpetuas las relaciones del cielo con la conciencia del hombre. Evangelio eterno se llama el sistema teológico erigido en creencia complementaria del cristianismo por estos hermanos de San Francisco. Dos revelaciones religiosas han esclarecido el alma humana. Primero, en el comienzo de las edades, cuando la tierra todavía está cercana a su creación, aparece en los desiertos, y ante la tienda de los patriarcas, en la zarza del Horeb y en las tempestades del Sinaí, aquella revelación que los franciscanos llaman del Padre, por ser de Dios puro, de la primera persona de la Trinidad, revelación apropiada a un pueblo primitivo que se ha educado en la servidumbre de Egipto al pié de las Pirámides; que se ha redimido por una peregrinación nómada desde el África al Asia hasta llegar a su tierra de Palestina; que ha necesitado, junto a los preceptos morales, preceptos higiénicos y políticos para iniciar la lenta y trabajosa educación de humanidad en el crecimiento de su vida sobre la tierra y de su conciencia en lo infinito. Pero a la revelación del Padre sucede la revelación del Hijo.

Aquélla se verifica en el comienzo de los tiempos y ésta en su madurez; aquélla cuando las sociedades civiles nacen bajo la tienda de los patriarcas, y éstas cuando las sociedades civiles se completan y robustecen por las instituciones del derecho romano; aquélla en el relampagueo de las cumbres del Sinaí, y ésta en la sublime desnudez del Calvario; aquélla por la tonante voz de un Dios airado, y ésta por la humilde sangre de un mártir sin mancha, siendo la primera la revelación del Ser, y la segunda la revelación del amor; la primera, la revelación de Jehová, y la segunda, la revelación del Verbo; la primera, la revelación del Padre, y la segunda, la revelación del Hijo, necesarias ambas para el desarrollo de nuestro espíritu en la tierra y para su comunicación estrecha con el cielo. Y así como la sociedad patriarcal se iluminó en la revelación del Padre o del Ser, y la sociedad romana con la revelación del Hijo o del Amor, nuestra sociedad se iluminará con la revelación del Espíritu o de la Ciencia. Y de esta suerte, la orden franciscana rompe, por la apoteosis del mendigo, la sociedad feudal, y por la esperanza en el advenimiento del Espíritu Santo para revelar una verdad más clara en una conciencia más humana, la autoridad teocrática.

Después de esto, ya podéis explicaros los dos siglos que han de suceder al siglo de San Francisco: el poder de los gremios; la extensión de los municipios, las libertades tempestuosas, las asambleas populares, los síndicos elevándose a la altura de los reyes, los nobles perdiendo su imperio sobre los siervos, las artes emancipándose de la tutela litúrgica y yendo a renovar el calor de su sangre en la savia de los campos, el cisma en vigor, la Iglesia en crisis, la conciencia en rebeldía los Concilios llenos de aspiraciones democráticas, las lenguas vulgares elevadas a expensas de la ciencia, el escolasticismo hundido, la razón preparada para entrar triunfante en la filosofía, y la conciencia pidiendo la sustitución de todos los sacerdocios quebrantados, y el derecho a interpretar la naturaleza, y el espíritu con su libre examen que forjará otra nueva Europa.

Uno de los misterios mayores que hay en la vida, es el enlace de las causas con los efectos. ¿Á qué cometa habrá pertenecido la materia de que estamos formados? ¡Cuántas revoluciones habrán sido necesarias, cuántas catástrofes, qué de terremotos, qué de levantamientos del suelo y de erupciones del fuego central para producir la arcilla del frágil vaso de vidrio donde apagamos nuestra sed! ¿De qué sustancia se habrá alimentado o en qué bosque o selva habrá crecido, cuántas flores habrá llevado, cuántos nidos, cuántos frutos el árbol señalado ya por el destino para ser mi mortaja? ¿Á dónde habrá ido a parar la primera lágrima evaporada de mi mejilla, o irá a parar el último suspiro de mi pecho en esa fragua continua de la vida que se llama atmósfera? Pues más difícil todavía es saber cómo penetra la idea en la palabra y la palabra en la conciencia para pasar luego de los individuos a las colectividades y producir nuevos organismos sociales en estas cristalizaciones incesantes de las ideas que forman como las bases de la sociedad, la cual parece tan sólida a primera vista y está sujeta a una renovación permanente. En el convento de San Francisco de Asís, a la luz cernida por los rosetones ojivales, al cántico exhalado de los coros semibizantinos, al rumor que producen los rezos de los creyentes bajo las bóvedas sembradas de estrellas y los pasos de los peregrinos sobre las losas del pavimento de mármol; entre aquellos ángeles y aquellos santos que se destacan de los muros como ideas vivientes; entre aquellas estatuas tendidas sobre los sarcófagos, que os hablan de la eternidad con sus labios de piedra; creéis estar delante de una de esas rocas donde acaban los terrenos primitivos y empiezan los terrenos secundarios o terciarios del planeta, como que estáis en presencia del monumento sublime donde se trasformó la Edad Media y empezó el espíritu moderno por virtud de la palabra de un penitente, que con su amor impulsó a la tierra en su carrera por el espacio, y acercó a nuestras manos los apartados cielos donde se trasfigura la conciencia. Así ha podido el sentido común llamar al pobre penitente de Asís, el Cristo de la Edad Media.

Fachada del Convento de San Francisco
Fotografía de Giorgio Sommer, 1900